賺錢的
交易心理

投資前最重要的事，強化你的——

賺錢的交易心理

韓國最強法人操盤手教你勝率99%的實戰投資心理策略

韓國最強法人操盤手 朴秉昌——著

蔡佩君——譯

前言

改變心態才能看見「錢」途

2021 年春天，當股票市場生機勃勃之際，許多新股民湧入市場。KOPSPI 指數比起 2020 年新冠肺炎大流行當時的低點 1,439 點，上漲了兩倍之多，逼近 3,200 點。隨著不動產、比特幣、股票暴漲，形成了一股不投資就會落後全世界的氛圍，而且這份焦慮助長了許多「沒有做好準備的投資」。不過幾個月，市場就來到高點，並開始走跌。我撰寫這篇文章的時間是 2022 年 6 月，截至目前為止，股市已經連續十二個月處於跌勢，未來的發展也尚未明朗。大部分的投資者手上都持有虧損的資產，只能悲觀地看待市場。

在這種情況下，「我當初怎麼會投資股票呢？」、「如果時間能夠倒轉，我一定不會投資股票」、「我好像太小看股票了，真的沒想到投資股票這麼難」，我經常聽到人們這麼說。即便我們心裡很清楚「不要追高非理性的價格

暴漲標的」這種理所當然的常識，但總是事後太晚才回想起來。「為什麼會做出不符合常理的行動？」、「股票投資為什麼如此不盡如人意？」，其實原因並不在於我們「不懂股票投資的理論」，也不是因為我們不會企業分析、圖表分析錯誤、投資策略有問題，而是「心態」的問題。群眾集體往相同的方向前進，驅使我們無法從這份不合理中脫身的保守心態、買進股票時的貪婪與恐懼、賣出時逃避虧損與否定現實的心態，鑄成了錯誤的投資。

判斷股價的基本是評估公司資產與利益價值，能夠高機率創造出未來成長價值與預估利益的商業模式，是擁有經濟護城河的核心要點。各國中央銀行調漲或調降利率、買進債券，為市場提供流動性的量化寬鬆，包括反其道而行的量化緊縮，會使股價高於或低於企業的基本價值。最終，我們會以企業的利益增長價值和市場流動性作爲判斷，進行投資。

但是，判斷股價最重要的因素還有一個——也就是「心態」。這裡指的是當投資人聚在一起成為群眾時，針對「如何判斷未來的市場」所產生的群眾心理、「傾向貪婪」與「傾向恐懼」的心態，以及「對利多敏感」與「對利空敏感」時的心態。想要用更高的價格買進股票的狂熱，或是即便價格不高也要快點賣出的恐懼，這些心態都影響著股價。股票投資，是一群人依照各自不同的判斷進行股票買賣的行為。投資人的心理狀態當然會創造出資金的流動，影響價格。實戰投資上，不符合理論的交易心態、投資判斷心態，會左右投資的成功與否，因為心態是串聯著資金管理與投資策略的扣環。

「不投資股票的話，就跟不上時代了」這句話是真的嗎？我們連追究這句話是真是假的時間都沒有，大眾就已經被迫把它當真了。著名藝人主持的電視節目上，愈來愈多因為投資股票和幣圈而發財的人。看著他們津津樂道說著自己的成功祕訣，就感覺自己好像馬上也要成為有錢人了。聽說買樂透可以幸福一整個禮拜？只要學習他們的成功祕訣，好像我也可以馬上成功，只要跟著他們一起做，好像我也能夠賺大錢。如果努力學習就能夠靠投資賺錢，那麼擁有學習天賦的學者們，應該都可以靠股票投資賺到鉅款吧。如果開發出一款加工市場數據的劃時代演算法就可以賺到錢，那麼天才工程師與統計學者應該幾乎都是有錢人吧。那麼從理論上來說，在經濟趨勢與企業成長歷程方面學問淵博的專家們，應該也都要成為有錢人才對。但現實並非如此。

即便努力學習投資技法，但想在實戰投資上獲利並不那麼容易。這些並不取決於市場上所介紹的投資祕訣，而是有著「無法言喻、不能言喻、不知道如何言喻的某樣東西」隱藏在成功投資的背後。雖然這個言論有點可笑，但據說在股票投資上成功的人們，都有獨特的共通特性，據說他們在血型、談吐、人際關係、看待世界的價值觀上，都有獨特的相似之處，好像是說著賺大錢的人擁有著不同於普通人，從理論上無法解釋的某些東西。

美國詩人約翰・格林里夫・惠蒂埃（John Greenleaf Whittier）說，世界上最悲傷的一句話就是「我當初應該那麼做的……」。投資股票的我們，果然也無法擺脫這句話，我們都不是可以脫離人類普遍心態的特殊存在。所以說，如果想在股票投資上取得成就，了解心理方面的因素非常重要。

為了最終能夠取得投資上的成功，本書主要探討的內容是價值投資與技術交易時機中的心理因素。我認為本書的讀者，應該有很多是來自於喜歡我前一本著作《韓國最強法人交易員的獲利關鍵》的讀者，所以我會針對《韓國最強法人交易員的獲利關鍵》裡的交易時機與心態做連接性的說明。如果你是明知交易時機，但卻無法實踐的人，透過本書，你將會知道這種情形發生的原因。

俗話說，有志者事竟成，但是人生卻有很多不盡如人意之處，股票投資也是如此。雖然懷抱志向進行投資，但有時也會失敗。每個人都有自己的道路，有的人朝著大山走去，但對有些人來說，走向大海反而更幸福；股票投資也是如此，有些人適合長期投資，有些人喜歡短期交易，而且更能從中獲利。重點在於，打造出各自可以用最舒服的心態進行投資的道路。「屬於自己的道路」在市場上我們稱之為「屬於自己的投資原則」。找到符合自己個性的投資方法，也是邁向成功投資的重要因素。

傳統經濟學中，人類認為合理且金錢效率良好的行為，大多不適用於股票市場。我們經常在股票暴漲之前賣出股票，或是在股票完全跌落谷底之前都一直持有著毫無希望的股票。我們在投資股票的時候，會反覆做出不合理且缺乏一貫性的決策，歸根結柢都是因為我們的心態。歷史上，能夠在受到巨大力量操控的股票市場上賺大錢的人，是那些少數擁有獨特思維的人。他們不是我們追蹤的分析師，也不是有能力的交易員。他們是創造出屬於自己的投資原則，而且遵守原則的人。希望這本書可以幫助大家找到看待市場，以及股票投資的心理原則。

朴秉昌

目錄

Chpater 3　判斷行情的心態

Chpater 4　價值分析的心態

Chpater 5　分析圖表的心態

Chpater 6　市場的心態

Chapter 1

開始投資的心態

鼓勵大家投資的社會

● ● ●

股票市場與股票投資的歷史悠久，從許久以前，股票投資就是許多人理財的工具。在沒有線上交易，必須要手寫訂單等待成交的時期，人們也非常熱衷於股票投資。但是當年的那份狂熱，無法與現在相提並論。MTS（Mobile Trading System）的盛行，加上非面對面交易的便利，任何人都可以輕鬆投資股票。2020 年新冠肺炎爆發以後，崩跌的市場在短期內暴漲的現象，讓許多新股民加入市場。為了克服新冠肺炎危機而投入到市場的鉅額資金，使虛擬貨幣、不動產與股票市場飆漲。人們見證了這股超出常理的暴漲，認為「股票投資是想要在這個時代存活的必要理財工具」。擔心追不上別人的不安全感、認為只靠儲蓄買不了房的想法、只要操作得當就能賺大錢的希望……等，所有人都持不一樣的理由，湧入了股市。不久之前還有新聞報導指出，僅持有一股三星電子股票的投資人，竟然超過五百萬人。股票投資人的數量，近兩年來，正快速地增加。

虛擬貨幣、不動產、股票的價格飆漲，催生了許多新興富豪。一如既往，「危機就是轉機」、「極度分化」正加速發生。因此，我們心裡面對於想成為「有錢人」的渴望，比任何時候都來得更加強烈。YouTube 的人氣題材，內容幾乎大都與理財有關，渴望成為早早賺到錢就退休的「FIRE 族」，成了社會熱潮。早早成為 FIRE 族，做自己想做的事，這份渴望又進一步地延伸成「財富自由」的目標，使得認為只仰賴薪資儲蓄無法達成財富自由的投資人，心亂如麻。

提出「達成財富自由的方法」的內容不斷大量湧現，人們熱衷於觀看這些內容。有一些人選擇了幣圈，有一些人選擇不動產或股票；但是他們最終的目標都是——要快點賺大錢，獲得財富自由。不過十幾年前，普通人的目標是從好大學畢業，在一家像樣的公司上班，賺取高額的年薪。只要努力工作，雖然需要花上一點時間，但還是買得起房，也可以為退休做準備；但上述這些，也許現在二三十歲的人完全無法同意吧。就算薪水一毛錢都不花全部存起來，想要買一間首爾的房子幾乎是不可能達成的事，而且現在是連求職都非常困難的時代。對於他們來說，財富自由，明顯是一個充滿甜蜜誘惑的字眼。他們沒有時間思考「想要財富自由的目的是什麼？」看著身邊已經賺到大錢的人們，想要快點賺大錢的焦躁，已經跑在了前面。

看著身邊在幣圈賺大錢的人，雖然自己也勇敢開始投資，但卻承受高額虧損，因而陷入失望之中。雖然夢想著透過股票投資功成名就，但是市場卻飽受各種利空的影響，自己手上的股票一直走跌。剛開始投資時的粉紅色泡泡，大都以失望告終。「我到底做錯了什麼？」雖然試著思考，但卻沒有可以說服自己的答案。經由股票投資成功的人們建議「長期投資績優股」，但是績優股的標準是什麼？長期投資真的能夠成功嗎？就像華倫・巴菲特（Warren Buffett）所說的：「如果你沒有打算持有十年，那就連十分鐘都不要持有」一樣，買進一檔看起來不會倒的績優股，然後長期持有的話，就真的能賺大錢嗎？ 2021 上半年，有很多人都抱著長期投資的心態開始投資股票。但是不過半年的時間，心態卻轉變成「在韓國市場上長期投資，實際上很難獲利」。他們說不可以盲目長期投資，而是要投資一家會長期成長的企業，但是在這個連明天都充滿著大量不確定性的世界上，很難預測十年後的企業成長。

學習企業價值分析、學習判斷市場狀況、學習產業成長週期，為了找出強勢的領頭股，學習供需與股價的動向，再學習可以低價買進、高價賣出的技術分析。按照自己的方式搜集資料，聽取專家的建議，認真學習，進行投資，但結果卻不盡理想。如果想要財富自由，就必須在股票投資上成功，但這件事做起來不像說的那麼簡單。許多專家的建議不過都只是方法論而已，對於背後的危險與不合理論的情況，他們卻是惜字如金。

在新冠肺炎引發恐懼，股票市場崩跌的時進場投資的人，早就從中大舉獲利。但是當市場狀況良好，所有人都想參與投資的時候，股價就會到達高點，此時就是下跌的開始。這個理論每個人都知道，但是在實際投資中要控制自己的心理情緒，真的不是件簡單的事。投資股票的時間愈久，就會發現心理狀態比什麼都更重要。

在日常生活中，我們要從普遍的心理狀態中發現投資的訣竅。我們不可能成為非常了解所有企業的專家，我們必須投資日常生活中，自己可以評估的企業群體。我們沒有必要研究恐懼和貪婪的指數，只要從自己的周遭感受大多數群眾的心態就行了。沒有任何事情是準確的，投資的時候要記得，股票市場會跟著世界反覆循環的週期波動。股票投資不是我們人生的一切，賺到大錢，早年退休，獲得財富自由，也不代表人生的一切都能實現。我們只是透過股票投資，取得人生路途中需要的附加資金。我們可以透過工作獲得成就感，也可以透過非利益的服務獲得幸福感。我們只是為了讓日子過得更舒服，在股票市場上利用投資取得所需的「金錢」。只要保持這種心態，不知不覺間，一定會有機會賺到比計畫中更多的錢。

無法避免的 FOMO 症候群

● ● ●

2020 年與 2021 年之間，我們經歷了股市的嚴重 FOMO（Fear of Missing Out，害怕自己落後於人或被排除在外的恐慌症狀）症候群。2020 年春天，由於新冠肺炎爆發，股票市場一瞬間從 2,250 點暴跌至 1,439 點，一個月內跌了 36%之多。專家預測，這場史無前例的疾病大流行會使經濟崩潰，讓我們的生活變得更加艱難，股票市場也被黯淡無光的前景和恐懼所籠罩。但是人們卻好像約定好了一般，開始購買股票，使市場反彈，但是疾病的大流行並沒有消失，景氣也沒有變好。只花了四個月的時間，指數快速反彈到 2,458 點，確認股市已經轉強後，姍姍來遲的投資者們最終使指數在十個月內上漲到 3,316 點。高達 130%的暴漲過程中，散戶投資人的鉅額資金流入股票市場，2020 年與 2021 年的淨買入分別為 47 兆韓元與 66 兆韓元。特別是從 2021 年的 1 月到 5 月，雖然市場已經對於高點發出警告，仍然足足有 50 兆韓元的淨買入流入市場。

在這個時期，韓國出現新造語——「東學螞蟻」，用來形容散戶投資人的「股票投資熱潮」，甚至還出現了「西學螞蟻」一詞，用來形容投資海外市場的熱潮。隨著股市暴漲、免到場開戶、MTS 交易的便利性，與低利率等交織在一起，使得人們若不投資股票，就會變成是跟不上時代的人，或是成為在低利率世代裡的理財無能者。一起吃晚餐的時候、朋友們一起喝茶聊天的時候，如果不投資股票或是不了解股票，還會有被冷落的感覺。FOMO 症候群正在強烈發酵。在這個原本每天沉溺於社群軟體與從 YouTube 看世界的生活中，「現在不投資股票不行」、「現在就立刻動起來吧」的呼聲，開始受到人們的關注。

其他人都從股市上賺到錢了，是不是只有我還像個傻瓜一樣堅持在存錢？大家都很雀躍在分享股票投資的情報，是不是只有我變成邊緣人了？哪裡有可以取得高級情報的著名社群帳號？其他人都在買什麼股票？是不是只有我一個人在買莫名奇妙的股票？……等等以上這些想法，使人們的內心焦躁不安。這段時間也有很多人來尋求我的建議。「我從來沒有投資過股票，我現在要開始投資嗎？」連一輩子跟股票都毫無瓜葛的友人，也說現在如果不投資股票的就是傻子，就算股價虧損，只要放五年以上應該也會獲利吧。他們開立帳戶，要求我教他們交易的方法。

我曾經透過幾個節目，表示我對於「整個世界好像都一定要投資股票的情況」感到擔憂。我擔心的原因有兩個。第一，雖然大家都在說著，低利率時代為了要追蹤物價的增長率，或是取得高於物價增長率的報酬率，必須要投資股票，但是卻都沒有提到有關股票投資虧損的內容。股票投資被分類為高風險商品，擁有高收益的同時也可能大幅虧損。我對於沒有考慮虧損風險的投資提議感到擔憂。第二，股票投資雖然可以短期獲得收益，但是大部分投資的都是企業的未來利潤，因此需要時間。急用的資金、有時間限制的資金、不能失去的資金（雖然所有的錢都不能失去，但這裡我指的是短期內已經決定好用途的資金），都不能拿來投資。「這筆錢是房子的期中款，我可以暫時拿來投資獲利嗎？」、「要怎麼樣才能安全投資呢？」、「我想貸款傳貰金來投資，要買哪一檔股票比較好？」針對上述的問題，我的答案永遠都是「絕對不可以」。

儘管有這些擔憂，但還是有很多人開立帳戶，開始投資股票。即便市場已經上漲超過兩倍，他們還是因為美好的

未來願景和FOMO症候群，在懷抱恐懼的狀態下投身市場；特別是年輕一代，參與的情況更加踴躍。對於只關注比特幣價格飆漲、房價飛漲的他們而言，再猶豫下去，只會成為永遠都沒有機會的落伍者。但是飆漲的股票在2021年6月達到高點，並開始下跌，我撰寫書稿的當下是2022年6月，到目前為止，股市仍繼續在走跌。KOSPI、KOSDAQ所有股票中，有40%都創下五十二週以來的新低，很多股票的股價甚至「直接砍半」。「我不應該投資股票的……」怨聲四起，最後開始怨恨市場，也愈來愈多聲音開始批判鼓勵大家投資股票的專家。

當然，如果以中長期觀點來說，即便在這種情況下，我們也不能斷定股票投資已經失敗，繼續堅持下去，某個瞬間股價可能會開始上漲、收復虧損，得到好的結果也不一定。但是大部分的投資人都認為，這個情況已經等於失敗了。那麼究竟是什麼原因，讓我們在高點的時候買進股票呢？我們為什麼會等股價大幅下跌後才賣出呢？是因為我們對市場與股票投資的理解不足嗎？還是因為我們不是投資策略的高手？比起這些，我們的「心」才是問題的所在。

經過這段時間，我們累積了股票投資的經驗與知識。

利用企業價值分析與技術分析找出正確的投資時機固然重要，但我們也從中學習到，更重要的是「心」。我們學習到了投資後要懂得等待的心態，以及我們必須投資等待會帶來獲利的公司，也知道了不管投資哪一家公司，只要價格過度（過快）上漲，最終仍然會回跌。我們可以從忍耐與專注中獲得觀照市場的洞察力。即便所有人都想擁有，也要有自信，只買進自己需要的東西；即便看似現在不做不行，也要有信任自己的耐心，相信機會終究會再出現，我們也了解到，理解市場本質的觀點很重要。

股票市場每天都在運作，不管是明天、後天還是未來。熬過因虧損而感到痛苦的時期，就會再度迎來獲利的喜悅。面對身為非生物體的股票市場，以及只是一種理財手段的股票投資，不要投入情感。即使難以在 A 跟 B 之間做出抉擇，也必須要加以選擇，讓結果更加優秀。享受 JOMO（Joy of Missing Out）的狀態，也就是不要滿足於跟他人一樣的事物，而是對跟別人不一樣的事物感興趣。股票市場裡有一種方法叫做「逆向投資法」，當群眾喝采的時候賣出股票，當群眾陷入恐慌的時候買進股票（想成功操作逆向投資法需要策略，本書會在第 119 頁做說明）。重點不是我們做了什麼選擇，而是要把自己做的決定變成好的選擇。與其用短期的觀點看待，把股票投資當成是看狀況短暫走一遭的地方，不如把它當成是要執行一輩子的理財方法，做好準備，讓自己的決策可以朝好的方向發展。

世上所有事都必須努力不懈才會成功，但股票要放鬆才能成功

● ● ●

2022 年 3 月 20 日，財經新聞刊登了一篇標題為《為什麼要工作？ 2030，領取失業津貼梭哈買進股票與虛擬貨幣》的報導，內容闡述的是因就業困難加上補助金增加，放棄求職的人正在夢想著功成名就，著手投資股票與虛擬貨幣。就業困難是不爭的事實，但只要聽到身邊友人透過投資虛擬貨幣或股票賺大錢，許多人就會沒辦法認真為就業做準備；不對，應該說是認為沒必要認真做準備。

著名藝人的節目上，介紹了用 300 萬韓元的本金投資虛擬貨幣，最終獲利 300 億的操盤手；股市專家在 YouTube 上講述著自己大獲成功的故事；資本市場上的專家成為名人；經營、經濟、心理學教授也高談闊論著投資相關的議題。沒能讀大學的青年們，徘徊在短期職缺中；大學畢業

的社會新鮮人，因為無法就業而繼續留在校園，或是參與著這個投資的時代。

確實有人透過股票投資賺近數百億元以上，但是這些人只占了整體股票投資人中的百分之幾？利用虛擬貨幣賺錢的人，以及在交易所或是從事相關工作的人表示，大量的小額投資人中，真正成功的案例只有極少數。股票市場準確來說是一場零和（Zero-sum）博弈，市場上漲的時候，幾乎所有投資人都會賺到錢，下跌的時候就虧損。那麼，市場上又有多少比例的投資人可以賺大錢呢？股票市場上永遠都有賺大錢的機會。1997 年的外匯危機、2008 年的金融危機、2020 年的新冠肺炎危機，我們在經歷這些事件的同時，也會誕生新興富豪。觀察這段期間的股票市場會發現，獲利數百億以上的投資人連 1%都不到，大部分的投資人幾乎都是以虧損收場。特別是最少有 20%左右，也就是說十個人之中，會有一、兩個人因為無法承擔鉅額虧損而導致破產。

我們經常可以看見，從股票上賺大錢後轉戰經營公司的人，或利用業餘時間投資的人，在 YouTube 或電視節目上宣揚自己的投資成功祕訣。至少據我所知，幾乎沒有人可以利用這世上廣為人知的理論投資方法賺大錢。大部分賺大錢的人，都是在特殊的情況下做出戲劇性的應對，最後創造出預期以上的大額收益。當然，對於他們在特殊狀況下大舉獲利的個性與膽識，我深表尊敬，搞不好這才是真正的祕訣和實力吧。

除了非常極端的狀況以外，幾乎大部分的投資獲利，都與經濟成長和企業利益增長相互關聯。汲汲營營的人沒有餘力等待企業的成長，便會漸漸開始尋找可以在短時間內獲利的投資標的，並且開始接觸股票中的期貨、選擇權、權證、貨幣期貨等高槓桿投資，進行像虛擬貨幣這種一天之內會發生數百倍變動的投資。裡頭一百個人當中，只要有一個人成功，那就已經是萬幸了。我們可以仰賴奇蹟般的幸運達成一次的成功，但若繼續投資下去，這一百個人全數都會失敗。

以前長者說「追錢，錢就會逃跑」，他們說只要堅守自己的崗位認真工作，錢就會自己找上門來。從我的經驗上看來，透過股票投資獲利數十億以上的人，他們並不是特別有智慧或特別聰明。他們大都有屬於自己的投資方法，他們會在情勢與投資方法吻合的情況下獲利。他們不會說這是一種賺錢的方法，也不會四處尋找新的投資標的，不管在任何情況下，他們只做著「自己的投資」。他們既不會跟從暴漲的市場，也沒有刻意要在市場上獲利。他們只是每天都遵守著自己的投資原則，判斷現在是不是「機會」，而他們只不過是像捕捉昆蟲一樣，沒有錯失機會。

我以前見過許多專業投資人，也見過許多懷抱著發財夢，使出渾身解數踏入投資世界的人。但是內心迫切，想要在短時間內獲利的投資者，最終失敗的機率非常高；反而是那些從容觀察市場的人成功了。汲汲營營的人，會盯著暴漲的股票；放鬆的人，會觀察暴漲的股票。迫切的投資人，會希望股價今天就上漲，但是態度輕鬆的投資人，會認為股價不管明天或後天上漲都沒關係。這種細微之處，造就了決定性的差異。

股票投資帶來的生活變化

● ● ●

投資股票前後最大的變化，就是開始關注世界上發生的事。股票市場上，幾乎反映了所有世界上發生的事。從有關世界各國領袖選舉的政治權利與政策變化，身為經濟首腦的央行總裁與利率政策的變化，全球經濟趨勢與各國經濟狀況，主要國家發生的自然災害、疾病、戰爭、恐攻等事件，美國、中國和歐洲的股票市場走勢、國際原物料價格變動等，我們睡覺時，世界各地也發生著各式各樣的事情，股票市場也反映著這些事情並波動著。韓國的股票投資人，早上一睜開眼就是先確認昨晚美國與歐洲的主要新聞，並考慮這些事件對韓國市場所造成的影響。

然而，也有一些人，會確認著韓國時間晚上十點半才開盤的美國市場開盤狀況與主要新聞，直至深夜。我想建議這些人「在我們尚未開市的時間，就算確認了美國市場與海外市場所發生的事，我們也無法立即應對。倒不如放鬆睡個覺，隔天早上再確認重要的事件就可以了」。但是對

於個性仔細與敏感的投資人而言，唯有親眼確認過才得以入眠，所以在特別的日子裡，有時也會熬夜。股票投資是會令人的生理與心理都感到非常疲憊的過程。但是從某方面來說，對於不在意世界如何運轉、發生什麼事情的普通人來說，股票投資可以成為積極變化的契機。為了成功投資，學習市場內部的交易機制雖然重要，但更重要的是觀察、了解與思考世界的變化。

開始投資股票之後，就連日常生活的事件也會聯想到股票。在百貨公司看到人們排隊購買的商品時，會去確認那是哪一家公司的商品；看到孩子們為之狂熱的產品或遊戲，也會去確認這是哪一家企業銷售的產品。歷史上也有很多在日常生活中尋找投資提示的投資家，因為高人氣、吸引人們蜂擁而至的產品與服務，最終會使該公司的利益增加。除了產品與服務以外，依據誰成為擁有政策決定權的央行總裁或主要國家的總統，特定產業有可能因此受惠或受害，我們可以從中衡量這對自己持有的股票是否有利。

我認為把日常生活的所有東西都跟股票連結在一起，是一件非常累人的事，但如果順其自然，就不會感到疲憊。都是因為我們刻意要連結並分析，才會感到疲憊。對股票產生興趣，就等同於是對世界上所有的事情保持關注，重新樹立觀點。這種變化同時有好壞兩面。如果你認為這件事情很累人，這就是不好的一面，但是也有人可能會因此積極接受思考的變化。如果在投資股票的時候，我們感到不安、害怕、或是日常上因此感到疲憊，就應該立刻停止投資。當我們連小額虧損都會責備自己，甚至對日後的自我判斷產生不信任感，就應該要停止投資。為了能健康地投資，我們必須把股票投資與日常生活的情緒區分開來，順應和接受市場的不確定性。

專業交易員一整天都會坐在螢幕前面，就算是短短幾分鐘，也不會任意離開位置。他們眼前有三四台高畫質螢幕，認真埋首於交易之中，外面的天空就彷彿是好久以前看過的風景一般，使他們感到陌生。他們之所以會這樣投資，是因為這是他們的本業。一般投資人如果沉浸在市場，或過度靠近市場，反而是有害而無益，我們應該與市場保持著可以同時關注市場內外狀況的距離，遵守這條界線很重要。

個性與投資風格

● ● ●

假設我們去一家百貨公司購物，百貨公司的每一層樓都擺滿了各式各樣的物品。有些人會從一樓開始，花時間慢慢逛到有美食所在的最頂層。對於不喜歡購物的人來說，這是一件苦差事，但當事者卻非常享受。舉例來說，當我們計畫要買衣服，我們會去賣服飾的樓層，然後比較該樓層的各個品牌，仔細比較設計、機能、便利性、價格，為此停留好長一段時間，接著我們可能會選擇自己覺得最棒的商品，但也可能買不到理想的商品，空手而回。某些情況下，雖然我們沒有計畫好要買什麼東西，但是我們會被很多人排隊購買、完全不同類型的商品所吸引，衝動消費。而有一些人花半天的時間四處環顧，最後什麼都沒有買，但是了解其他人都買什麼東西、最近流行什麼，然後空手而歸。相反地，有一些人會直接走向自己想買的商品，毫不猶豫地直接購買。百貨公司裡，充滿著各式各樣喜歡消費的人們。

股票市場的投資群眾也有著各自不同的投資方式，但是目標都一樣，想以便宜的價格買進可以賺入利差的好股票。由於每個人判斷的基準不同，即便是相同的金額，有些人選擇賣出，有些人選擇買進。我們會從市場上幾千檔的股票中，選擇出一檔可以在最短的時間內帶來最大獲利的股票。當然，這不是一件容易的事。有些積極的投資人，會從頭到尾詳讀上市公司的分析手冊；也有投資人會仔細觀察各個頻道與證券公司推薦的股票；而有些投資人會輪流在美國、中國、韓國市場四處張望，認真尋找哪一檔股票比較好；有的投資人會針對半導體、生技、電動車、娛樂等特定產業的股票進行比較分析；還有些投資人，雖然聽信各種新聞與消息選定好了要投資的股票，但是一開盤卻又開始加碼買進新成形的強勢題材股。除此之外，還有些投資人會到各個節目上確認專家看好哪一檔股票。

有些投資人，手上持有現金，但卻因為害怕虧損，遲遲無法買進股票；也有些投資人非常謹慎，只買進整體投資金額 5%不到的股票，持續觀望著市場；還有一些投資人因為無法判斷哪一檔股票比較好，就少量買進各個種類的股票；也有些投資人的整體投資額為一億元，但是每檔股票只買進 200 ～ 300 萬韓元左右，持有數十檔的股票；還有些投資人覺得不買點什麼就會錯過獲利的機會，所以一有錢就都拿去買股票。甚至有些人，自己明明沒買股票，或是僅用小額投資，卻跑去參加股票相關的節目或社群，積極發表自己的言論，就像是一整天都待在百貨公司，什麼都沒買，只是想逛逛或討價還價一樣。這些人可能很了解百貨公司內部的設施，哪些商品擺放在哪、賣得比較便宜、去哪一個地方可以喝到免費的飲料，他都了如指掌，股票市場裡好像也有很多這樣的人。

我是哪一種投資者呢？是一有錢就想快買點什麼的急性子？還是買到打折的商品就會覺得自己好像已經賺大錢一樣，感到滿足的個性？抑或害怕自己買得太急，感覺一回家就會後悔，最後什麼都沒買到的個性？是覺得要跟別人買一樣的產品才不會被排擠的個性？還是不管別人怎麼說，只要自己喜歡就可以的個性？是會買好幾個便宜商品的個性？還是不管價格高低，如果要買就是要買好商品的個性？是今天沒有心儀的商品，就等下一次再買的個性？還是既然都要買了，就算不是最好的，也一定要買個什麼的個性？試著思考自己屬於哪一種個性吧。

就好比，去百貨公司買東西的人們有不同的個性一樣，依照股票投資人的個性，股票投資也有很多不同的方法，這些多樣化與思維的差異，造就了股票市場每天的交易。雖然找到一種最好的投資方法很重要，但是哪一種投資方法適合我的個性也很重要。如果你有按照自己的個性投資，並且成功了，日後應該也不會有任何問題，但如果你的失敗機率很高，就應該要嘗試轉換成其他風格的投資方法。

討厭變化的心態

大部分的人都不喜歡變化，不管自己喜不喜歡現在的狀態，變化都令人感到煩躁。即便有人用更高的年薪挖角自己，卻不能果決換工作，對變化的恐懼與不確定性雖然是造成這種情況的原因之一，但也有一部分是我們不想踏出現有的舒適圈。

「人們會猶豫要不要從已經爬上去的樹上爬下來，因為承認自己的錯誤是可恥的，而且打從一開始人們就懶得重新開始。即使知道繼續下去會不利於自己，但是卻難以輕易回頭。」

這是我在舉辦股票投資研討會的時候，都會放在 PPT 上的句子，這段話是我在行為經濟學的書上看到的，由於實在太有共鳴，所以經常被我引用。我們雖然會因為錯誤的行動而面臨鉅額虧損；但是很多情況下，我們的無所作為也會導致虧損。在股票市場上，持續持有股票，就算認為虧損放大也不賣出的行為，是基於我們對於「損失厭惡」與執著於已付出之費用，而這種賣出之後虧損就會成立的感受，使我們無法賣出股票。股價在收益區間內下跌，或是賣出其他股票又再買進該檔股票的狀況，對於機會成本的眷戀會更加使我們無法賣出股票。選擇範圍過多的時候，無法做出決策的情況會使我們對買進猶豫不決，造成後續的追買。從五檔股票中選擇一檔，和在兩檔股票中選一檔，以這樣的情況來說，兩檔股票中我們雖然至少會二選一；但是在五檔股票的情況下，有很高的機率什麼都選不出來，可能還會請別人幫忙隨便選一檔。

股票投資，投資的是未來的價值，沒有人能知道未來的股價，但即便如此，股票投資仍然要做出選擇和決策。對於已持有的股票，我們會特別關注利多的消息勝過利空，也是因為受到不想改變「想維持現況的心態」所影響。就像初戀一樣，愈是不完美的事件愈是記憶深刻，我們的內心拒絕讓現在的投資以不完美收場，我們害怕如果在這個時間點錯誤買進或賣出股票，最後會招致後悔。

行為心理學者托馬斯・吉洛維奇（Thomas Gilovich）說，如果有以下這些症狀，就沒辦法成為有錢人。第一個症狀，選擇投資標的很痛苦；第二個症狀，如果決策最後以失敗收場，就會強烈譴責自己；第三個症狀，延後進行投資或金錢相關的決策。同時，他還給予不擅長做決定的投資人一些建議：「不要忘記，不做決定也是一種決定。也不要忘記，延後決定就會產生機會成本。為了好好做決定，不要事到臨頭才做決定，而是要建立一個長期的原則」。

如果很難下決定，不買進、不賣出或繼續持有，對投資人而言也是一種決定。比起不知所措、坐立難安，不做決定的決定也許會更好。

就算買進好公司的股票，但股價在走跌的時候，我們也必須決定要賣出或繼續持有。股票投資在很短的時間內得知結果，而且隨時都有重新挽回的機會。幾次的失敗，不代表未來所有的投資都會失敗。每一次的投資都是不連貫的，不可以把過去的投資帶入現在的投資。不論是長期進行儲蓄型投資、只在機會來臨時交易、只看價格做投資、只看企業與事業做投資……我們都必須建立並遵從自己的投資計畫。

沒有人知道現在的決定在未來是對還是錯，但是我們必須做出決定。不僅只有我們，專家、投資大師們也總是會站在投資判斷的十字路口上絞盡腦汁。只不過他們不管做出什麼決定，都會努力讓這個決定的結果變得更好。因為他們知道，如果不做出決定，猶豫不決的時候，就會對自己造成經濟上的虧損。

股票投資是不需要資歷的公平競爭

應該沒有比股票投資更公平的競爭了，不分貧富貴賤，所有人都在相同的條件下進行交易。雖然從制度上來說，外資或機構投資人還是比較有利，但是在世界上這麼多的競爭之中，股票投資可以說是相對公平的競爭了。如果有不公平的事情被揭露，就會依照證券交易法加以嚴處。在富裕環境下長大的孩子，有很高的機率可以就讀好大學，這是不爭的事實。從更好的大學畢業、擁有更多經驗的年輕人，同樣也有更高的機率領取更高的年薪、在更好的環境下工作。但就像中樂透是一件極其公平的遊戲一樣，要在股票市場上取得的投資成果，除了極少數的制度以外，對所有人而言都是公平的。

擁有專業技術的技術人員年薪較高，不論是肉體上的工作或是精神上的工作，企業都會提供給專家更好的年薪。在同一個建築工地工作的工人，每天的薪水也是千差萬別；如果是擁有專業技術的人，就可以賺取平均以上的高額報酬。懂得運用智慧與良好的人際網絡，勝訴機率較高的律師，他們所領取的報酬也會高於身邊其他的同事。專業技術人員，以透過長時間反覆作業所取得的訣竅作為基礎，隨著時間愈長，就可以享受愈高的待遇。如果是勝訴機率較高的律師，隨著名氣與經驗的積累，委任費也會更高；汝夷島的某家大型眼科，會在醫院門口張貼至今為止累積執行過的手術次數，多年的經驗為現在提供的服務提供了保障。

但是股票投資的經驗，卻無法保障報酬率。就算從好大學畢業，擁有大量股票投資相關的理論知識，累積了長時間的經驗，也不能保證現階段要開始的投資一定會成功。

大量的知識與長期的經驗，無法保障股票投資絕對會成功。某些投資人，對於世界運作的模式擁有優秀的觀察能力，並且可以大膽把它應用在現實的投資上，從而取得成功。有些投資人會與成功的投資人士交流，從中取得情報、賺取獲利。但可以肯定的是，會預測未來經濟趨勢的學者或機構的分析師，並不一定就能在投資上成功。

諷刺的是，在這個幾乎對所有人來說，算是公平的股票市場上，專家們集體大舉失敗的案例，卻很常見。就如同技術發展一樣，股票市場的規則與情緒正在快速變化，但是有一部分的專家卻還停留在過去的知識與經驗，由於他們的偏見與固執，相信自己才是最對的，以致於他們無法接受新的環境。就好比掌握社會既得權力和組織的人會妨礙社會變化一樣，熟悉既有理論的人也會因為抗拒新的變化，導致自己的投資失敗。過去的市場以製造業相關類股為中心，本益比（PER）若超過 20 倍就屬於被高估，是不可以投資的市場。但是 2021 年的美國市場雖然本益比超過 20 倍，但卻被「低估」。蘋果、亞馬遜、輝達、特斯拉、微軟等高成長企業的本益比雖然非常之高，但是總市值也持續地增加，所以股票也持續成長。到了一定的時間點，隨著過度高估的擔憂被提出，股價雖然會下跌至合理價的區間，但是這些企業的成長，依然收到很高的評價。

牛市裡，年輕投資人的獲利會更高，因為它們對於危險沒有過去的成見，所以他們可以直接接納強勢的市場，積極投資。但是經驗豐富的資深投資人，由於經歷過數次的市場風險，所以即便市場處於強勢，仍會有維持保守投資的傾向。但是在熊市裡，經驗豐富的專家可以降低損失，或是具有較強的虧損回補能力。長期以來的成功與失敗經驗，造就了他們傾向保守的缺點，以及知道如何不錯失機會的方法。

擁有豐富的股市相關知識與經驗，屬於管理上的優點，但卻不是可以把投資報酬率極大化的因素。經驗豐富只不過是穩定收益方面上的優點。我們經常可以看見，投資生技股或新技術開發公司成功賺大錢的人，他們以為自己對市場了如指掌，非常自滿，不僅看不起專家，連世界級的學者和投資專家都看不起。一、兩次的經驗，成為他們普遍的投資原則。

從歷史上看來，透過股票致富的人，都不是在社會上累積了優秀事業經驗的人，多數的情況下，他們都是可以擺脫理論，準確應對市場動向的人。談論市場效率假說，在低估區間進行價值投資，是相當理論性質的言論。在一個適用市場效率假說的市場上，幾乎沒有可以賺取利差的機會。多數大額獲利的機會，都落在股價高於合理價，或是大幅低於合理價的非理性區間。所以了解並可以合理運用市場非效率性的投資人，才可以賺大錢。在股票市場上成功的投資人並不是擁有豐富資歷的人，反而是對於世界的變化以市場變化有獨到觀點，能夠果斷投資的人，才是股票市場上真正的勝利者。

利用著名專家進行自我逃避

●　●　●

氣場薄弱、懷有自卑感的人，在面對氣場比自己更強的人，所感受到的嫉妒、憎惡等混合情緒，被稱之為「嫉妒」。伊索寓言裡的《狐狸與葡萄的故事》也探討過這種情緒，利用改變自己的想法，來解決對於無法實現的狀況所感到的不滿。

面對比我更優秀的人，我們會產生嫉妒心，但有很多方法可以解決，不過我們大部分都會使用「改變對方的想法」或是「隸屬或服從對方」的方法。但是這些方法，會成為阻礙成功投資的因素。通常投資股票的人會用「虛擬貨幣跟龐氏騙局沒兩樣」、「虛擬貨幣的絕對價值是零」等言語，來貶低幣圈的投資人。

但是隱藏在這些言語背後的是什麼樣的心態呢？是他們羨慕靠虛擬貨幣賺大錢的人。反之，投資虛擬貨幣的人卻認為股票投資人很可笑，他們認為虛擬貨幣是建立在區塊鏈技術之上，可以改變世界的新世界投資資產，他們靠著虛擬貨幣，不需要努力讀書也能賺大錢。這兩種情況，雙方都是以對自己有利的方式各持己見。

也有很多時候，我們會選擇服從對方。對於投資愈久，愈感困難的股票投資人而言，他們會認為「專家比我更優秀」，所以會按照專家所解釋的行情，投資他們所推薦的股票。就好像是別人拿著名牌包，我也一定要有一個一樣；對於專家推薦且多數投資人為之狂熱的股票，我們會認為自己也一定要持有這些股票，否則就感覺自己的投資好像會以失敗收場。股票市場裡的「時尚」會不斷變化與循環，為了不落人後而買進股票的話，不久之後，就會發現自己持有的股票種類已大幅增加。

著名專家的粉絲（訂閱者、聽眾）很多，所以他們的推薦可能會使小型股的股價暴漲，也許這些粉絲追蹤的是這位專家可以動搖股價的力量吧。現實中有很多利用這種非法的方式，引導追蹤者的雜音，但是這種情況會發生在極少數的金融圈之外，大部分的人都是因為認同著名分析師、策略專家的投資觀點才加以追蹤的。股票投資裡不存在「王道」，股票投資也不可能持續成功，不管是哪一位專家，都沒辦法一直猜對行情或推薦賺錢的股票，這件事所有人都心知肚明。但即便知道，卻依然選擇追隨專家，跟著他們的話投資，是因為我們心裡相信他比自己更擅長投資。但是這種「他比我更厲害」的想法，有很高的可能性會以失敗收場，因為最終我們會發現，他們不會一直都是對的。

2020 年新冠肺炎大流行後，散戶的股票投資熱潮催生出許多著名的專家，這個現象不只發生在韓國，而是一種世界性的流行。在美國，知名專家甚至令「迷因股」（透過模仿傳遞的文化資訊單位，在股票裡是指因為特定名人而引發流行的股票）的股價暴漲，受到各界的關注。不過短短一年之後，大部分的迷因股都跌了一半以上。

「投資情報僅為短期判斷之參考資料，請依照自身判斷進行投資，提出建議的節目或專家不會對此負責。」——這是附加在所有股票相關的節目或內容的警告標語。儘管如此，人們還是會認為專家的分析比我自己的分析更專業，知名策略專家更能預測市場狀況等，這些都是源自於對自我判斷的不確定性與低機率的信任，所造成的迴避心態。雖然這件事不容易，但我們必須要不斷定型化與簡化自己的投資哲學、原則與交易方式，這份努力，是讓我們可以

在股票市場上，持續獲利的唯一原則。

當我們想要某樣東西的時候，經常沒辦法區分那是我自己想要，還是群眾（其他人）想要的東西。按照自己的想法生活、過著屬於自己的人生、按照自己的方式投資、建立起屬於自己的投資原則、擁有屬於自己的哲學和人生，才能踏上成功之路。

利用 MBTI 找出適合自己的投資方法

● ● ●

股票投資就是買低賣高，從中獲利，但是「買低」並不如我們所說的那麼容易。有時候就算買低，股價可能又跌得更低；覺得股價太高沒買進，股價卻又往往上漲。

決定買進時的心態、買進到賣出這段期間的心態、賣出的心態等，股票投資就是要一直站在判斷的十字路口上。如果拿最近流行的 MBTI 屬性和股票投資者的傾向做比較，就可以用有趣的方式確認自己的投資屬性，找出最適合的投資方法。但這並不是一個絕對的基準，所以請大家用輕鬆的心態當作參考就好。

首先，我們來分類股票投資人的類型吧。

1. 針對自己認爲便宜的股票，長時間分批買進並持有，等到股價上漲到合理價值時再賣出的投資者：雖然可以大幅獲

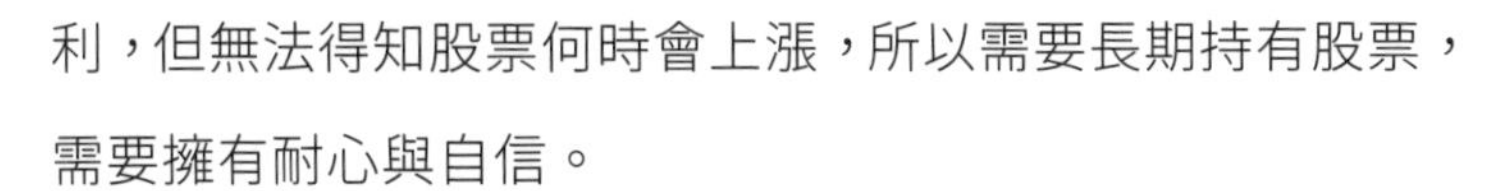

利，但無法得知股票何時會上漲，所以需要長期持有股票，需要擁有耐心與自信。

2. 由於股票行情會在極短的時間內上漲，所以會觀察股價低於價值的股票，等到股價開始上漲的時候再買進的投資人：雖然這可能是最好的投資方法，但是要在市場買氣湧入，且股價上漲的初期買進股票，抓準買進時機的難度相當高。
3. 認爲要評估低估區間與便宜價並不容易，所以持續投資與持有成長企業的投資人：需要擁有可以看出企業成長可能性的洞察力，並具備分析企業價值的知識。
4. 認爲選股與把握最佳時機很困難，透過判斷市場情況、技術分析、動能等進行短期交易的投資人：必須擁有屬於自己的投資原則，不執著於過去，並勇於承認失敗。必須要擁有機械式的規則，即便這次停損，也能在下次大幅獲利。
5. 投資別人不屑一顧的冷門股或轉機股，可以與群衆背道而馳的逆向投資人：必須不被行情動搖，擁有獨立的判斷能力。需要保持平常心，信任自己所做的判斷。
6. 長期投資，並且會根據情況調整比重，懂得把收益最大化的投資者：這就是基金經理人的想法，要敏捷判斷狀況並快速行動，如果不相信自己的判斷或想太多的話，行動的速度就會變慢。大部分的投資人都是因爲判斷太慢而錯過時機。

接下來，我們來思考這六種類型與 MBTI 個性的連結。

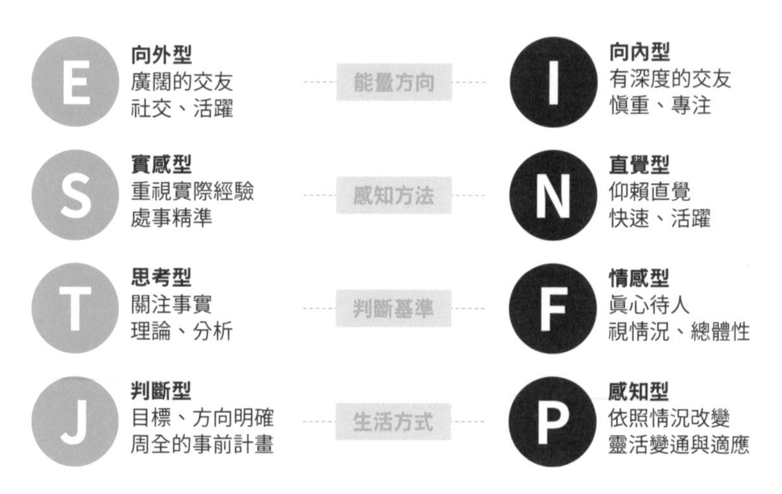

MBIT 測驗會依照這四個領域中比較偏向哪一方，歸納出十六種不同類型的個性，依照 MBTI 就可以一定程度上推測出我們的投資屬性。

首先，E 類型的人會與周遭人進行溝通，在取得投資情報的時候，他們會把判斷的基準放在外部的供需或資訊，而非企業的價值。I 類型的人比起外部資訊，更注重於研究企業價值，累積內在能力。首先在區分 E 與 I 類型的時候，我們會發現外向的投資人，比起書籍或專家建議，更傾向透過與熟人交流取得投資情報，所以短期動能投資比長期價值投資更適合他們；內向的投資人會建立自己的投資方式，因為他們很專注，所以更適合長期價值投資。S類型比較重視經驗與當下的狀況，所以比較適合短期動能投資；N類型的人重視想像力與直覺，適合長期投資有成長潛力的企業。T類型的人適合建立在真相之上的量化投資與演算法投資；F類型的人適合跟著行情或主要產業波動進行投資。J類型的人善於計畫，所以適合無關市場變化，依照計畫進行投資的定期定額投資；P類型的人會按照狀況重新分配投資組合，偏好透過調整將把收益放到最大、虧損降到最低。

上述的股票投資類型，可以被區分為：長期投資者VS短期投資者、價值投資者VS動能投資者、成長股投資者VS價值股投資者、情報追蹤投資者VS行情追蹤投資者。從歷史上來說，就連投資大師也會按照自己的投資屬性建立投資原則。長期價值投資者有華倫・巴菲特、彼得・林區（Peter Lynch）、菲利普・費雪（Philip Fisher）等；中短期動能投資者有威廉・歐奈爾（William O'Neil）、傑西・李佛摩（Jesse Livermore）、尼古拉斯・達華什（Nicolas Darvas）等。正在學習股票投資的我們，必須要依照自己的個性，篩選並掌握投資大師們的投資祕訣。

選擇自己想要的投資方式，確認適不適合這種屬性，應該是件有趣的事。當擁有新技術的成長股價格創新高，漲勢非常強勁，想投資的人應該要具備什麼個性才能夠取得好的成績？這種情況比較適合 E、S、T、J 的個性。在做這種投資的時候，需要建立一套嚴格的自我規則，並依照這個規則客觀進行投資。喜歡與很多人交流，搜集賺錢情報的人，最好是 E、N、F、P 的個性，因為他們必須要對與人見面交流情報，並且建立投資點子的事感興趣。無法在人際關係中真誠相見且內向的人，很難與他人分享資訊。為了在投資上取得成績，最好是善於分析，而且還需要擁有能夠獲取與分享數據的人際網絡，所以 S 比 N、T 比 F、J 比 P 類型更適合投資股票。

但並不是只有個性實際且有邏輯計畫的人才會賺大錢，需要這種個性的人是基金經理人，這也是不追求賺大錢，只追求穩定收益的投資人所需要的個性。在股票市場裡寫下發財神話的人們，幾乎在所有事業上的表現都如出一轍，他們具有獨創性、仰賴直覺，善於讀懂世界的變化，而且會從事或多或少有些勉強的投資。比如說，在比特幣剛問世就大量投資的人，現在的確已經成為富翁了。投資這種

內在價值為零的資產，對於理性且基於數據進行投資的人而言，就是一個瘋狂的行為。對於S、T、J個性的人而言，投資虛擬貨幣是做夢也不會想到的事。反之，對於N、F、P性格較為強烈的人，當初雖然會覺得有點不合理，但還是可以勇敢投資虛擬貨幣的未來價值。對於保守，並且會確認數據，仔細分析未來價值的投資人而言，「投資未來夢想中的股票」（Price To Dream）並不容易。這種股票適合的是樂觀、相信自己的直覺、遊走在世界變化中的投資人。學習股票投資方法的時候，也要了解自己的個性，研究可以最大程度提高投資成果的技巧，才是有效率的行為。對於巴菲特來說，當沖是一件愚蠢的事。反過來說，對於當沖交易者而言，買進股票並長期持有，是非常危險的行為。有些人透過當沖成為有錢人，但有些人卻是賬戶被清空。有的人可以長期持有成長股，獲利數十倍，但是相同一檔股票，有些人卻只賺到些許獲利就出場，甚至還可能在虧損的狀態下賣出股票。特斯拉是最具代表性的成長股，眾多特斯拉投資人的報酬率肯定也是千差萬別，這些結果很有可能都是自己的個性所使然。無論別人以哪一種投資法成功，都有可能不適用於自己。擁有適合自己的投資方法，是在投資上成功的基本原則。

Chapter

資金管理的心態

困難且令人疲憊的全職投資

相較於以被動投資為主的先進國家，韓國的主動投資人口較多，相對來說全職投資人的比例也比較高。過去經歷金融危機後，有很多被迫名譽退休的人因為無法找到新的工作，轉以把股票投資當作本業。近期年輕人的就業困難，也使得全職投資人大幅增加。隨著年輕人經歷房地產、比特幣等價格暴漲，他們開始積極理財；不僅是股票而已，也有愈來愈多以投資其他金融商品為主的全職投資人。年輕的全職投資人，經常會利用成交量、圖表和動能進行短期交易。相對來說，經驗較豐富的投資人，傾向於運用身邊的人際網絡進行中長期的投資。

那麼，全職投資人的成功機率究竟有多少呢？如果帶著自我原則進行投資，確實可以獲利，問題在於投資要持續獲利並不容易。當市場表現良好，投資環境佳時，獲利很容易。但是全職投資者的生計來源就是投資，必須要把虧損降到最低，哪怕只有一點也必須獲利。對於除了股票投資以外沒有其他收入的全職投資人而言，哪怕是一點虧損，都會造成心理上偌大的「恐懼」。

恐懼是股票投資最大的敵人。股票投資從根本來說是高風險投資，由於韓國股市的漲跌幅度的限制是30%，一天最大的波動幅度為60%。短期操盤手如果好幾天連續虧損2～3%，本金很快就會被砍半，如果中長期投資人經歷過一次虧損30%以上的投資失利，就很難再回血，這些都是全職投資人最害怕的狀況。但是諷刺的地方，在於如果不承擔風險，股票投資不僅無法獲利，而且看似危險的股票還會進一步上漲，看似安全的股票則會進一步走跌。假設有一檔正在上漲的股票，大部分的投資人都會擔心現在是高點而無法買進，但是股價回檔後必定會再度上漲；然而一檔正在下跌的股票，由於股價跌了很多，看似很安全，但卻只要市場稍有動搖，就會因為缺乏低檔買勢而暴跌。有人形容，股票市場就是要「騎上一匹正在奔跑的馬兒」，但是在全職投資人眼裡，正在奔跑的馬兒看起來肯定很危險。

股票投資的是未來，但任何事情都不確定，只不過是一種機率而已。除此之外，我們所投資的不是當下這家企業的現況，而是未來的企業成長，所以必須要等待。然而，全職投資人最缺乏的就是「等待」。全職投資人必須戰勝對高風險的恐懼，帶著這種心理上的疲勞，再加上要從中賺取每個月所需資金的壓力，這樣的投資本身就是一種風險，所以很多專家都建議大家不要放棄自己的本業，把股票當成是一種理財的手段就好。如果真的要踏上全職投資人這條路，我希望你至少要額外準備前六個月所需要的金錢。擺脫害怕本金虧損的恐懼，是引領股票投資邁向成功的前置條件。每個月需要從投資資金中拿取生活費的壓力與恐懼，很可能成為投資失敗的主因。

心裡的會計帳本

● ● ●

投資股票最快樂的時候，就是自己持有的股票價格飆漲的時候。但如果暴漲的股票，只占整體投資組合的5%不到，那麼這份快樂馬上就會消失。如果其中一兩檔比例較高的股票飆漲，就算其他股票稍微虧損，整體資產也會增加，這就是為什麼我們要做投資組合再平衡的原因。當整體資產都在獲利的時候，卻有其中一兩檔股票虧損30%以上，這時候投資人通常都會感到厭煩，不知道該怎麼做，內心煎熬，心裡被虧損30%這個絕對的數值給綁架。股票投資是一件需要選擇和集中投資的事情，不管各家企業的損益是賺是賠，都要從整體資產上來進行判斷和管理。

難以選擇與集中投資的投資人，他們的投資組合最後就會變成匯集所有股票在內的「百貨公司」。隨著利率的變化，價值股會上漲，成長股會走跌；受到匯率的影響，出口股會上漲，消費股會下跌。當價值股走揚的時候，以持有成長股為主力的投資人就必須經歷一段痛苦的時期。倘

若銀行股飆漲，整體市場雖然會上漲，但是持有中小型成長股的投資人就會嚐到死亡的滋味。沒有什麼事情能夠比無法跟上市場的漲勢更能帶來心理方面的痛苦了。所以說，如果接二連三買進專家推薦的成長股、價值股、出口股、內需股、大型股、小型股，不知不覺間，我們的帳戶就會成為「百貨公司」，裡面混雜著上漲和下跌的股票，資產的價值也只能一直維持在同一個水平，然後只能安慰著自己，至少自己的跌幅比市場的跌幅小，似乎忘記了我們之所以投資高風險商品，就是為了追求高收益，但我們卻用著不想承受暴跌的投資組合來抗衡市場。

當股市走跌的時候，幾乎所有股票都會下跌，但是市場上漲的時候，卻會由特定的產業和股票來帶動市場上漲。股票市場裡，有著領頭產業與領頭股。經由分散投資免於暴跌的投資人雖然會自我安慰，但是光憑著這樣的投資組合，很難在市場走揚的時期裡賺回本金並額外獲利，因為他們持有的股票裡，只會有一部分的股票是上漲的。大家都說，只要分散投資心態就會比較堅定，但是做長期投資內心怎麼可能會舒坦，哪有什麼投資能讓人放心的呢？股票是需要好好管理和關注的。有些人把自己持有的股票比喻成是兒女或手指頭，也就是說，我們不會特別討厭哪一檔股票。就像是沒有哪一隻手指頭咬了不會痛一樣，在自己的投資組合下，每一檔股票都一樣。但是股票既不是兒女，也不是手指頭。

股票投資必須要從整體資產的觀點出發進行管理。只要有一檔股票能帶領整體資產向上增值，那麼其他股票不管是要停利還是停損，都可以賣出。不要把心態側重在各檔股票的報酬率，這樣很可能會對其他股票造成心理方面的影響。調整投資組合的比重是一種實力，選擇和集中投資也是一種實力。

把資金放入證券帳戶投資的期間，我們心態會隨著資產的變動發生變化，每一天的心境，都會跟著手上股票的漲跌而改變。心態的變化會大幅影響我們實際剩餘的資金。當股價上漲的時候，餘額增加，就算還沒賣出股票，還未實現收益，我們也會請朋友吃飯。假設我們投資了 1,000 萬元並獲得了 300 萬韓元的收益，就算股價又再度下跌，收益的金額從 200 萬、100 萬逐漸遞減，我們也會認為只不過是賺的錢少了，不是本金變少，感覺不痛不癢。但是當股價跌至買進的價格，甚至本金進一步發生虧損，就會

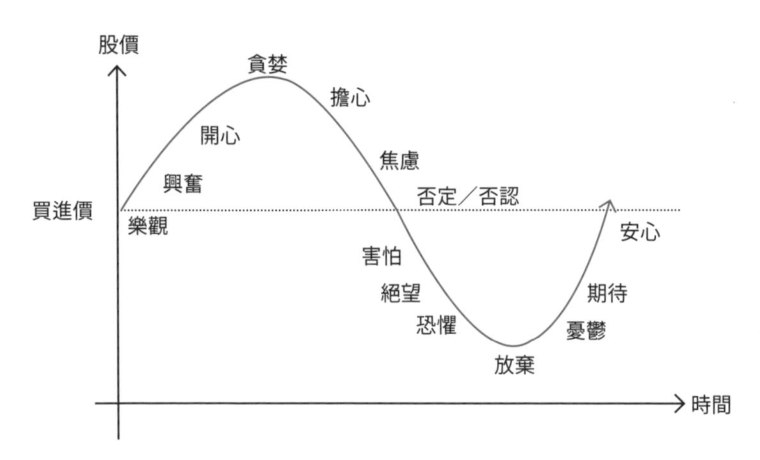

陷入不安和焦躁，因而賣出股票。

就像是當我們拿到退稅或獎金的時候，反而會比領薪水的時候更容易消費，因為我們認為這些錢跟自己辛苦工作賺來的薪水不一樣；但其實它們一樣都是錢。投資股票，不會拿著真的股票進行交易，股票只是我們帳戶上的一串數字。假如今天我們領出一百張 5 萬韓元現鈔，然後把這筆錢放在內袋裡，心情就會跟紙鈔的厚度一樣美好。但是如果在路上，我們不小心弄丟了這 500 萬元，就會不斷為自己所犯的錯感到痛苦，然而螢幕上的帳戶餘額少 500 萬元，卻不會為我們帶來相同的痛苦。對於錢，在心中要隨時有本清楚的會計帳本，才能夠減少失誤。

分散投資能為我守住資產嗎？

● ● ●

股票投資的經典著作總是建議大家分散投資。也就是說，只要好好建立投資組合，股票上漲的時候就能帶來超額的收益，即使市場走跌，也可以降低虧損。分散投資的基準有國家、產業、資本額大小、不同的市場、股票等。所謂不同的市場，指分散投資房地產、債券、原物料、匯率、股票市場，也就是說，只要按照一定比例建立投資組合，當經濟危機發生時，減少屬於風險資產的股票，並且提高屬於安全資產的美元或黃金的比重，就可以預防虧損發生。反之，如果確認資金開始流入股票市場，就可以減少黃金或債券，提高股票等風險資產的比重。這種資金的大趨勢，被稱為「大輪動」（Great Rotation），提高風險資產比重被稱為「Risk On」，減少則被稱為「Risk Off」。傳統的理論上，只要透過調整投資組合的比重，不管在任何市場環境下都可以追求獲利。

但實際上，分散投資各種資產，真的可以降低風險、增加收益嗎？全球投資銀行的資金轉移，會隨著市場的風險和資金的流動而展開，因此會使股票市場發生大趨勢走跌與上漲的循環。但是隨著景氣循環與資本移動的循環週期愈來愈短，幾乎所有的理財資產都會朝相同的方向同步發展，分散投資的有效性也漸漸愈來愈低。美國、中國、韓國市場不再朝著不同的方向波動，美國那斯達克市場走跌的時候，也會造成韓國市場走跌，市場均朝相同的方向波動，唯一的差異只有波動的幅度和波動的時機而已。如果我們能夠巧妙運用時間差調整比例，也許分散投資還是有意義的。

2022 年 1 月，韓國市場暴跌的時候，美國市場的表現相對強勢。S&P 500 下跌 5.2%的時候，KOSPI 暴跌了 10.5%之多，隨即有許多韓國投資人認為「果然投資美股才是對的」，便從韓國撤資開始投資美國市場。然而 2022 年 4 月，KOSPI 下跌 2.2%之後，S&P 500 暴跌了 8.8%之多，想要躲避暴風雨而逃到美國市場的投資人，又得再次經歷一場更嚴重的暴風雨。想利用時差做投資，就是這麼困難。

股票和債券的市場，也愈來愈趨於同步。在傳統的投資方法中，當股票市場面臨危險的時候，資金就會大舉移動到債券市場，發生大輪動。但是從最近的案例中我們可以看到，對於利率上漲的擔憂使股票市場崩跌，隨著國債、公司債、抵押債等利率上調，債券價格卻出現崩跌。國債的報酬率與市場利率上升的速度，大幅快於市場下跌的速度，因此 2022 年第一季，債券市場的交易人承受了鉅額的虧損，開槓桿的投資人更面臨倒賠的窘境。

按照產業類別、資本額大小所做的分散投資，也已經不再有任何實質利益。例如有些投資人，會分散投資半導體、生技、汽車、煉油、造船、食品等股票，或者是按照一定比例買進大型股與中小型股。分散投資對於需要管理大規模資金的基金公司而言會更加穩定，因為他們必須追蹤市場的報酬率。但是當市場大幅走跌的時候，這些基金也無法避免大額虧損。反之，當市場上漲的時候，各家基金的表現就會因產業和股票的種類有所差異。這就是為什麼仰賴傳統分散投資無法戰勝市場的原因。有能力的投資者不會使用分散投資，而是懂得透過靈活調整比重，做出選擇與集中投資。

假如分散投資的效果愈來愈低，我們就必須利用選擇和集中，達成分散投資帶來的避險效果。集中投資的目標是

「領頭股」，只追蹤全球資金偏好的領頭股，把火力集中在最強國家的市場、最強的產業、最強的股票，不可以用分散投資為由，投資第三世界的產業與股票。美國與韓國都採用市值制，所以市場的漲跌會跟著市值排行前幾名的股票而波動，三星電子的強勢，就意味著市場的強勢；美國 FAANG 股（編按：尖牙股，Facebook、Amazon、Apple、Netflix、Google）的強勢，就意味著市場的強勢，因為它們都是領頭股，只要它們走跌，市場就會疲軟，我們最好要集中投資領頭股。下圖是蘋果在市場上升期與下跌期的報酬率。我們可以看到，蘋果在市場上升期的報酬率特別高，在市場下跌期的跌幅相對較小。

| 市場上升期與下跌期的蘋果報酬率比較 |

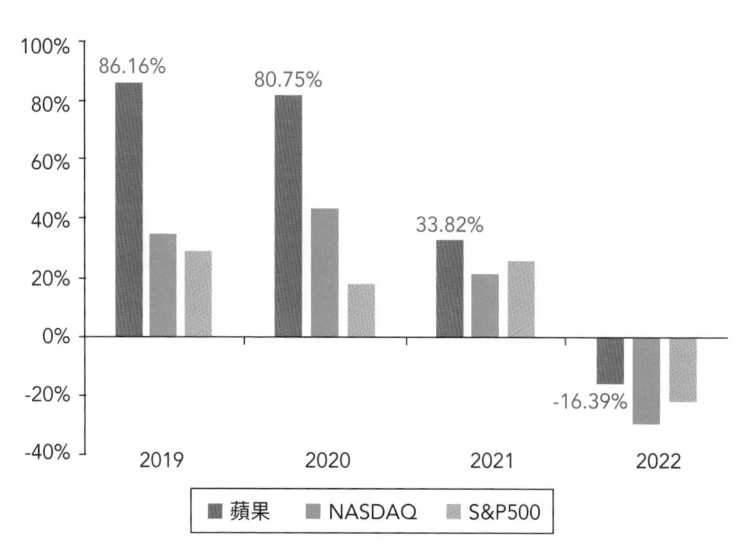

倘若持有一檔擁有經濟護城河的長期成長領頭股，即使經歷長時間的盤整，或是發生比預期更深刻的價格盤整，最後也還是可以獲利，所以只要「放心」等待就行。只不過我們還是要注意領投股因市場循環所產生的變化，假如是短期變化就不需要太煩惱，但如果已經演變為長期變化，就必須要稍做考量。因為領頭股的長期變化，不單單只是市場循環的變化，同時也代表技術的改變與世界的變化。

如果可以透過分散投資減輕擔憂，那還算是慶幸，但是為了享受這份心理上的安心卻需要放棄收益，這樣的機會成本太高了。幾乎市場上所有的投資資產都逐漸地趨於同步，我們不是需要管理大規模資產的經理人，就連彼得·林區這樣的投資大師都曾說：「比起籃子裡面有幾顆雞蛋，更重要的是裡面有幾顆好蛋。」集中投資擁有經濟護城河的領頭股，比起隨意的分散投資，更能為我們帶來穩定的收益與心理上的安心。

保本心態

● ● ●

股票市場上，大部分的商品都不保本，儘管如此，還是有一些人在投資股票，或是加入股票型基金的時候，會提出產品保不保本的疑問。在證券公司開戶或是購買商品時，證券公司的員工有義務要了解顧客的投資屬性，並根據測驗的結果建議適合的投資方式。投資風險的分類，從超低風險到超高風險，股票投資當然是被分在高風險以上的類別。在屬性分析中被測出有規避風險傾向的顧客，為了購買股票或衍生商品，就必須要親筆簽下切結書，表示自己「已經認知到風險，並願意承擔風險」。

在資本市場上，「風險」這個詞彙並不是只有負面的意思。社會上普遍認為「風險」屬於負面詞彙的原因，來自於追求穩定的心態。在資本市場上，風險可能出現在不好的狀況下，但同時也可能出現在好的情況下，所以虧損跟收益都有可能被放大。假如某樣因素會導致預估收益無法提升，只有風險被放大，那就應該剔除該因素。剔除後可以降低的風險被稱為可分散風險（非系統性風險），無法去除的風險則被稱為不可分散之風險（系統性風險），不可分散風險包含景氣變化、通膨、政治與經濟變數等。景氣變化、通膨、匯率等因素，跟股價變動的關係最為密切。說到底，股票投資暴露在無法被分散或剔除的系統性風險底下，屬於高風險投資。

當個人投資屬性為低風險，而且心態上期望著可以保本時，那麼在投資股票的期間壓力會非常大。即使透過股票投資賺到錢，心理疲勞感也會非常之高，除此之外，由於投資商品的屬性和自己本身的投資屬性相違背，在實戰投資上誤判的機率也會變高。實際在投資的時候，看起來危險的股票經常是漲勢驚人，看起來安全的股票卻往往跌勢凶猛。假如在目前的市場上，有一檔話題股的股價已經漲至令人縮手的價格，不管這檔股票是受到市場行情的影響，或是因為獲利了結的賣壓導致股價下跌，投資人們都會認為這是「盤整」，企圖在低價收購，最後這檔股票，也會在微幅盤整走跌後又再次上漲。但是市場上的冷門股若大幅下跌之後，就很可能長期橫盤整理，或是逐漸呈現趨勢下跌，這種股票從直觀上來看，跌幅相較於股價已經很合理了，但即便如此，疲弱的股票就算看起來已經跌到不會再跌了，最後還是會再下跌；因為想要賣出的投資人，往往更勝過想買進的投資人。從看待股票的觀點上，我們可以得知投資屬性與面對風險的態度，會對於選股造成偌大的影響，而且會讓結果有所不同。

如果能夠持續小額獲利也不錯。「不要貪婪，一點一滴獲利，降低風險」是短期投資人基本的投資策略。但是股票投資很難無往不利，由於市場與股價會頻繁劇烈變化，不論何時，我們都很可能一瞬間虧損超過 20%；考慮到這樣的風險與虧損，我們在決定目標報酬率的時候也要考慮虧損的補償倍率。假如買進一萬元的股票，把停利標準訂在 9,000 元，目標價定在 11,000 元，這就是一場危險的投資。倘若虧損與獲利的機率相同，目標收益就應該是虧損的三倍以上。投資的時候，我們必須要考慮上漲和下跌的機率、上漲的幅度與下跌的幅度。投資一檔隨時都可能漲跌 10%以上的股票，卻把目標報酬率設定在 10%，顯然就是一場危險的投資。

股票投資裡的保本心態，可能會成為投資失敗的原因。對於具有危險因素的標的進行某種行為的時候，假如因為自己的屬性保守，而對這個行為產生制約，就很難達到成功。規避風險的心態，就是不把風險資產當成風險來看，想要在沒有風險的情況下進行投資，但由於投資人本身的心態和投資商品的屬性互相衝突，最終可能會導致誤判。股票市場上成功的投資人，不但不會規避風險，也不會低估風險。股票市場是一個充滿危險的地方，永遠都會有意想不到的變數困擾著我們，不論任何時刻，一旦掉以輕心就很可能使虧損放大。但是風險也可能成為我們大舉獲利的機會，因此不斷執行風險管理與把握機會很重要。沒有比股票市場更適合「危機就是轉機」這句話的地方了。在股市裡，我們不應該害怕風險，而是應該利用風險。

紅色洋裝的故事

● ● ●

假設你開了一間小型服飾店，販賣黃色、綠色和紅色的洋裝。紅色洋裝一上架就全數售出，綠色洋裝大概賣了一半，但是黃色洋裝一件都沒賣出去，這個時候你會怎麼做呢？

「紅色洋裝已經都賣完了，雖然黃色洋裝一件都沒賣出去，但我覺得黃色洋裝其實也很不錯，我自己也很喜歡黃色。您要不要買一套黃色的洋裝呢？」如果你這麼跟客人說，那你就是一個不會做生意的人。

如果是一個經商許久的老練生意人，他就會做出這樣的決定：「我們錯了，我們必須快點賣出黃色的洋裝，先打九折，如果還是賣不動，就算打到八折以下也要盡快賣出，我們需要快點拿這些錢再進貨更多受到歡迎的紅色洋裝。」

股票投資也是如此。我們拿著本金，分別投資了三檔股票，其中一檔如預期般正在上漲，但另一檔股票要漲不漲，而剩餘的那檔股票則是令人失望，正在走跌。如果急需資金，或是市場處於危險狀態，必須減少股票持有的比重的話，各位會怎麼做呢？

普遍來說，我們都會認為要先賣出賺錢的股票，等待賠錢的股票再度上漲，因為我們不願意面對虧損。有很多投資人會說「我絕對不賣賠錢的股票」，我們買進股票的時候，可能基於各種理由，使我們認為股價應該會上漲，但並不是每一次的投資都可以符合期待。不管是因為分析錯誤、外部變數導致股價走勢不如預期、企業發生意料之外的變數，股價走勢都有可能和我們一開始的判斷（期待）相左。總而言之，股價如果上漲的話，就代表自己的決定對了；如果下跌的話，就是自己判斷錯誤了。

就好比老練的商人可以快速又冷靜地應對自己的決定一樣，股票投資人也應該根據股價的動向、供需、利益增長，快速又客觀地判斷自己的投資決策。就如同商人就算打折，也要快點賣掉黃色洋裝一樣，當我們發現自己的投資判斷錯誤時，就應該要停損，並且專注在判斷正確的股票之上。停損要小幅且迅速，停利則需要充分等待利益最大化。

擺著賣不好的黃色洋裝，還感嘆著生意不好，這就不是一位聰明的商人；明知要進貨新衣服，卻感嘆著自己沒錢，就不是一位會賺錢的商人。如果著急賣掉正在上漲的股票，留著走跌的股票，然後還發著牢騷說「市場明明在漲，為什麼我的股票不漲」，這樣就不是一位聰明的投資人。

我們的決定不可能永遠正確，但是我們必須承認自己的決定是錯的；股票是透過決定正確的次數來獲利的。

證券公司的職員會推薦投資商品給顧客，每天都要提出三、四檔股票作為關注股。假如關注股中出現值得買進的情況（出現進場時機），就表示要「買進」。專家們交易的也不是什麼特別的股票，他們交易的也是大部分人都知道的關注股，有的時候我們會交易其中的一兩檔股票，有的時候會交易所有的股票。但重點在於，他們最終選擇的股票只會有一檔，在整體投資組合上持有的股票也不會超過三、四檔。大多數有能力的員工和專業操盤手持有的股票數量並不多，但是大多數的散戶，因為參考了諸位專家的關注股，一段時間過後，手上的股票就會增加至難以管理的程度；也就是說，散戶到處買進關注股，即便自己的判斷錯誤，股價正在下跌，也不會賣出股票，而是持續持有。

聰明的投資人，就算交易數檔股票，也會客觀判斷其中哪一些股票判斷正確、哪一些判斷錯誤，並且按照自己的判斷，集中投資上漲的股票。

我們要怎麼知道自己的判斷是對是錯？答案很簡單。如果股價按照自己的預期發展，就是正確的判斷；如果不按照預期發展，就是錯誤的判斷。

火雞的故事

● ● ●

弗雷德・C・凱利的《成敗之因》(*why you win or lose*) 裡，有這麼一段故事。

一位少年走在路上，偶然看見一位老人正在捕捉著野生的火雞。這位老人為了捕捉火雞，在一個大箱子上面安裝了帶門的陷阱，並利用了支架讓門敞開，然後拉了一條線，讓自己在數十里外都可以拉動支架。除此之外，為了吸引火雞進入，他沿著箱外到箱內，灑了一直線的的玉米，並且還在箱子內側堆滿了玉米，好讓火雞一進到箱子就可以發現更多玉米。倘若火雞進到箱子內部，老人就會拉倒支架，把門關上，而門一旦關上之後，就沒有辦法再打開了。也就是說，等到最多火雞進到箱子的時候，才是拉動支架的時機。

不知不覺間，箱子裡面進來了十二隻火雞，但後來有一隻火雞跑出去了，所以只剩下十一隻。「剛剛十二隻的時候，我就應該要拉繩子才對……」老人在心裡感到惋惜。

「再等一下的話，應該會再進來一隻火雞吧」，老人在等著第十二隻火雞進到箱子的期間，又有兩隻火雞跑出了箱外。「剛剛還有十一隻的時候我就應該要心滿意足了」老人嘆了一口氣，「至少再等一隻火雞進來吧，到時候我一定會拉動繩子。」後來，又有三隻火雞跑了出去，但是老人想到之前明明有十二隻火雞，至少也要抓個八隻才有面子吧。老人的思維一直停留在從箱子裡溜出去的火雞一定還會再回來的想法。最後，連最後一隻火雞都跑出箱子外面了，老人這才說：

「我究竟是在等多一隻火雞跑進來，還是在等最後一隻火雞跑出去呢？反正一切都結束了啊。」最後老人只能提著空蕩蕩的箱子，踏上返家之路。

股票投資人的心態就如同這樣，希望踏出箱外的火雞能夠再回到箱子裡，但是這段等待的時間，卻有可能失去所有其他的火雞。單純只依據買進價格決定是否賣出，就算看到賣壓已經強過買壓、行情轉跌，也會認為只是回檔，股價會再度漲回。不想承認自己判斷錯誤與不想面對虧損的心態，最終還是會遭虧損反噬。

大部分的投資人聽到這個故事都會笑出來，這個笑容意味著感同身受。買進股票的時候，我們都會慎重做決定，但是獲利出場的機率卻明顯較低；原因就出自於深植在我們心中的貪婪與眷戀，還有自己的主觀判斷。因為貪婪和眷戀，結果一隻火雞都沒抓到，只能空手而歸的老人，他所失去的是那一整天的時間。但是股票投資人的貪婪和眷戀，會導致收益減少，或是本金虧損，如果連最後一隻火雞都沒能把握住的話，虧損就會逐步放大。

如果是曾經獲利過的股票，虧損之後就更難賣出了，因為這種股票，看起來就好像隨時會再回來的火雞一樣，好似會再重新上漲。

如果股價上漲，周遭狀況看起來也都不錯，連專家都很看好的，心生貪婪也只是人之常情。而且大部分的投資者都一樣，都沒辦法在股價最高檔的時候賣出；然而一旦股價又再度走跌，投資人的判斷就會出現落差。有些投資人可以毫不眷戀地賣出股票，有些投資人會等到自己事先設定好的賣出信號出現時再賣出。反之，也有些投資人會等到虧損發生的階段才賣出，甚至有些人到最後都不願賣出。

在火雞的故事裡，只要拉動這一條繩子就可以抓到這些火雞。捕捉火雞必須從頭再來一次，但是股票投資可以分頭進行；如果拉了線覺得不行，也可以重新再來一次，還可以分批出場，出場後可以隨時再買進。假如股價上漲，交易量暴增，股價開始迅速飆漲，我們就會產生想發大財的慾望。從這個時間點開始，我們就得分批賣出股票，就算只有幾隻火雞，也要先抓起來放；接著可以再繼續等待，就算股價又重新回跌到買進價，但我們也已經先賣出股票，實現了部分收益，這就不會是一場失敗的投資。這麼做可以確保我們在股價回跌到買進價格的時候，也能毫無眷戀地賣出股票。因為已經提前到手的利益，可以為我們帶來心理上的安定。

停損與停利的心態差異

● ● ●

手上的股票下跌時，賣出雖然會落實虧損的事實；但是持續持有，虧損即便可能恢復，但也可能發生更大額的虧損。股價上漲的時候也一樣，立刻賣出雖然可以鎖定獲利；但是持續抱著可能會帶來更多的獲利，也可能使獲利減少，或是以虧損收場。我們的心態會時時刻刻跟著股價漲跌發生變化，期待、貪婪、失望、恐懼，會使我們難以掌握交易時機。大部分的投資人都會在股票稍有上漲的時候賣出，並抱著走跌的股票，一直等到虧損過大或是時間過得太久之後，才以更大筆的虧損賣出股票，其實這種行為源自於「厭惡虧損」的心態。從股票市場的高波動性來說，厭惡虧損是投資股票最大的絆腳石。

在實戰投資的時候，我們應該賣出的股票不是上漲的股票，而是下跌的股票。當上漲的股票走跌的時候，我們會認為這是盤整而買入，但是下跌的股票如果又進一步下跌，「我真的忍不住了」、「這檔股票真的不行」我們就會受這些心態影響而拋售。

賣出幾乎對所有投資人而言都是一件難事；當賣出的時候股價就漲，買進就跌。雖然我們只是在抱怨，但這件事如果反覆發生，心理上的錯誤就會造成失誤。沒有人能夠永遠成功，只不過我們都想要努力提升成功的機率。貝比・魯斯（Babe Ruth）雖然是名留青史的全壘打王，但他也是最常被三振出局的選手。在股票投資裡大獲全勝，重點不在於「頻率」而是報酬率的「多寡」。

為了擺脫自己在不知不覺間啟動的「厭惡虧損」心態，我們最好事先決定好自己能夠承擔何種規模的虧損。就好比在每次的交易中決定停損點一樣，我們也必須在整體資產中，決定中斷投資的限度。為了不讓極度的恐懼造成我們的失誤，另一種方法是不「集中投資」，絕對的數值會刺激我們的心理狀態。比起兩檔股票分別虧損 500 萬，在一檔股票上虧損 1000 萬所造成的恐懼更加劇烈。如果選擇投資企業價值，那麼稍微遠離市場也是方法之一；因為當我們看著變化萬千的市場，很可能會產生股價好像立刻就要暴漲或暴跌的感覺，因此動搖我們的內心。

不管是哪一檔股票，判斷要不要賣出的基準很簡單。

先假設你現在持有著現金，打算買進股票，如果你認為自己還是應該要買進現在你所持有的這檔股票，那就可以繼續持有；如果你認為這檔股票不該買，那就要賣出。股票現在是賺是賠並不重要，就算股價上漲幅度已經很大，但當下你還是想買進這檔股票，那就必須要繼續持有；就算股票已經大幅走跌，但你如果不想買進，就必須要賣出。利用一億元資產投資的時候，很多人帳戶上會持有許多 200 ～ 300 萬元價值的股票，即便股票已經大幅虧損，但是心態上認為這只占整體資產不高的比例，所以沒有賣出，用盡辦法保留毫無意義的股票；然而不論是選擇賣出或是加碼，我們都應該讓這次的投資成為有意義的投資。

市場上漲的時候，要盡可能遠離市場，才能把收益最大化。手上的股票如果暴漲，就去旅行個幾天再回來，這樣才能將收益最大化；如果一直盯著股票看，反而會感覺股價好像會再回跌，因而賣出股票。市場強勢的時候，繼續持有股票會提高報酬率，不斷買進跟買出，反而只會錯失好的股票。反之，當市場走跌的時候，我們應該近距離觀察市場，我們必須區分出哪些股票應該賣出；哪些股票應該繼續持有；哪一些又應該加碼。市場走跌的時候，幾乎所有股票都會走跌，上漲的時候只會有部分股票上漲；所以我們要為市場再度上漲的時候做好準備，調整股票持有的比例。股價上漲時，害怕已經到手的收益變少；股價下跌時，無法承認虧損，想要逃避的心態，總是驅使著我們做出反其道而行的交易。

善於資金控管的人，才是最終的勝利者

● ● ●

股票市場的走勢通常是緩漲急跌。如果不是長期持有，只經由一次性的交易獲利，那麼大致上成功投資人的資金曲線會如同下圖。他們會持續賺錢和賠錢，本金會持平或是發生小額虧損，在三、四次的投資中，會出現一次幅度相對較大的獲利，經歷階段性成長的過程。就好比棒球中，打擊率超過三成以上就是優秀的打者一樣；在十次的投資裡，一兩次的大額獲利最終仍會使資金曲線向上成長。

| 成功投資人的資金曲線 |

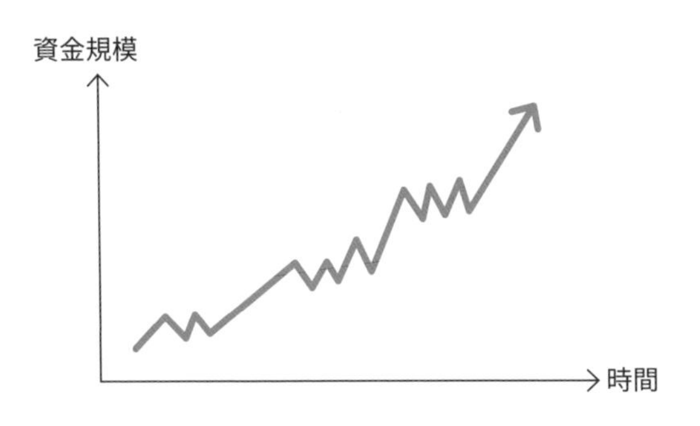

想要在投資的時候屢戰屢勝，並不容易。成功的投資，應該要在獲利的時候大幅獲利，中途的停利是為了獲利必經的過程。不要對自己判斷錯誤，或是不夠有自信的股票進行攤平，專注力應該要放在有獲利的股票之上，有獲利的股票才可以讓本金增值。買進新股票的時候，要選擇預估收益幅度大幅高於停利幅度的股票。股票庫存裡該放的是報酬率會逐漸增加的股票。

相反地，下圖是失敗投資人的資金曲線。雖然一點一點地獲利了幾次，但是卻因為一次的判斷失誤，導致鉅額虧損。市場表現良好的時候，雖然可以稍微獲利，但是市場下跌的時候，卻無法規避虧損。有很多情況是攤平虧損的股票，結果反而招致更大額的虧損，或是受到微幅獲利的鼓舞，又投入更多資金，後續招致大額虧損。愈是害怕手

| 失敗投資者的資金曲線 |

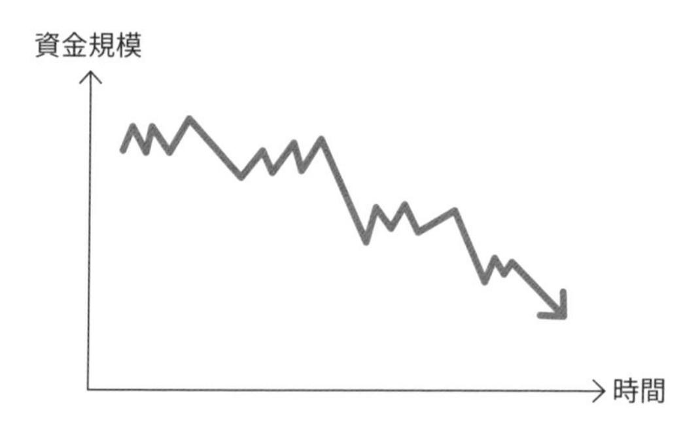

續費、稅金、停利的保守屬性，落入失敗資金曲線的機率就愈高。

從歷年的市場趨勢上可以看出，上漲是長期趨勢；然而下跌則是會在短期間發生，帶來幾乎會侵蝕本金的鉅額虧損。當然，還是有投資人可以繼續持有股票，熬過這個時期，等到市場重新進入獲利區間；但是大部分的投資人，會因為耐心不足或是急需資金的情況，最後虧損賣出。我們經常說：「投資股票，不賠錢比賺錢更重要。」只要不賠錢，隨時都會有重新獲利的機會。市場表現良好的時候，不虧損是一件很簡單的事；但是市場崩跌的時候，想要不虧損卻很難。市場表現良好的時候，我們應該效仿成功投資人的資金曲線，盡可能鎖住獲利；市場表現不佳的時候，即便有所虧損，也

| S&P500的長期趨勢（多頭上漲，空頭下跌）|

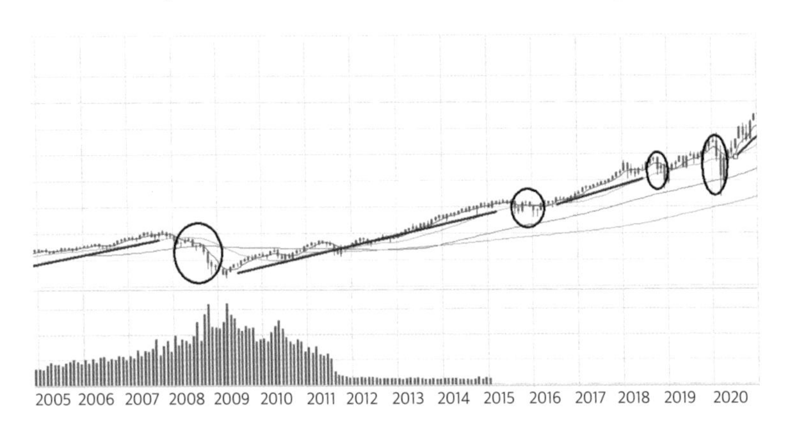

要守住本金，或是利用小額虧損進行防禦，為下一次市場轉好時的躍升機會做好準備。

防禦鉅額虧損的策略並不特別。在「無餌可吃的市場」裡，不要讓步也不要猶豫，迅速賣出才是最上策。許多負責管理他人資金的機構，非常熟悉機械式停損（強制平倉）；然而連面對小額都容易對自身造成心理影響的散戶，卻不熟悉何謂停利。覺得現在虧損的話之後會無法回本的心態、只要忍耐到最後股價一定會再度回升的心態，放大了原本小額的虧損。

如果進一步拓寬投資的概念，投資的停利和停損雖然重要；但停止投資的時間也很重要。如果我們把每一次投資的停損都稱為「Stop Loss」，那麼停止投資就是「Stop」。這裡所謂的停止，並不是說永遠停手，而是指投資失敗陷入低潮的時候，要暫時休息。

｜KOSPI的長期趨勢（多頭上漲、空頭大幅下跌）｜

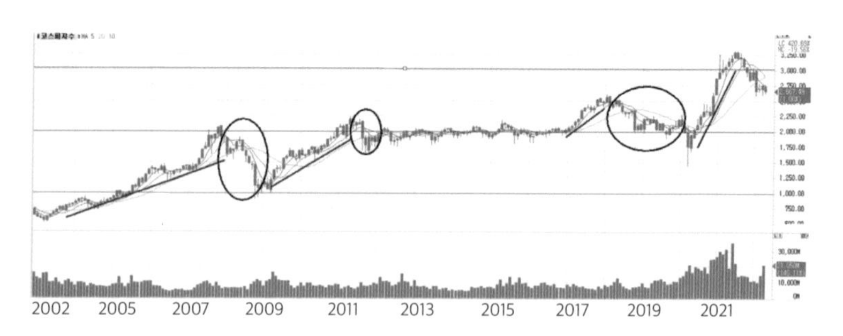

停下來的標準跟停損的標準一樣，每個投資人都不同。有些投資人就算虧損 50%，也還是能夠重新回本、轉虧為盈。有些投資人只是虧損 20 ～ 30%，就會心生膽怯，無法正常投資。所以說，定義好自己可以承擔的虧損率或限額，如果虧損到達設定的標準，不管市場狀況與個股的動態如何，最好都先停下自己手邊的投資。俗話說，世間上的所有事，順的時候就會愈來愈順，不順的時候不管再怎麼努力都還是不順；股票投資也是同理。在每一次的投資裡，心態都發揮著重要的作用。

下圖是投資時，停損與停止的基準示意圖。為了防止情況發展到停止的階段，我們必須事前就做好停損。我們在買進股票的同時，就要設定好停利與停損的原則。一般來說，我們會在股票達到目標股價的時候分批賣出進行停利；但是還有一種更進階的賣出方法——「交易賣出」。就算是在上漲的股票，中間還是會發生盤整下跌後再上漲，所以每次的盤整下跌區間，都會重新決定賣出的價格。假設股價從一萬元上漲至兩萬元，考慮到趨勢線與供需的部分，賣出基準價格就是 16,700 韓元。如果股價有守住這個價格就繼續持有，如果跌破就賣出。但如果這檔股票又再度上漲到三萬元，接下來的賣出價格就不是 16,700 元，而是會重新定義在 25,600 韓元左右。

| 投資虧損時的資金管理 |

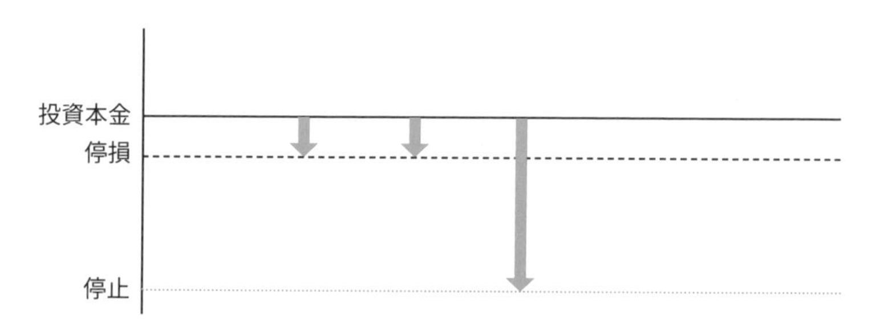

另外一點是，不能加碼匯款到發生虧損的帳戶。一般來說，我們很容易認為本金增加可以加速回本，但是收益並不是由投資本金的多寡所決定。如果情況達成良性循環，投資順利的話，大舉獲利的速度會比想像中更快。就好比每一次投資，我們都必須要決定停利與停損的原則一樣，剛開始投資的時候，我們也需要在一開始就決定好停損線。如果虧損已經達到那條線的時候，就不要再繼續與市場抗爭，最好要退一步養精蓄銳、穩定心態，後續再考慮要不要加碼匯款。

到目前為止，我們已經觀察過成功投資人與失敗投資人的本金曲線。為了畫出這條成功的本金曲線，心態的管理更為重要。可惜的是，想要控制心態真的非常困難，所以我們必須要建立停損、停利的規則。其中一種強制建立成功投資人曲線的方法就是——「領出獲利」，如果是為了想要避開失敗投資人的曲線，這件事非做不可。考量到本金愈多，一次的虧損就可能使本金曲線大幅下跌，所以維持本金的多寡，持續創造出類似的投資環境很重要。下圖是領出獲利的示意圖。

| 成功投資人的資產曲線 |

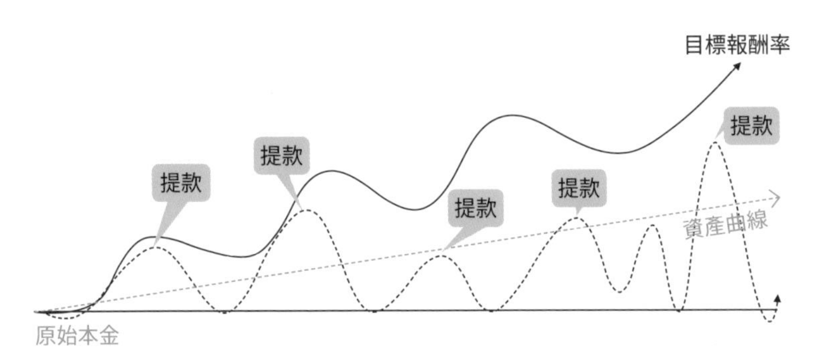

考量自身的資金管理能力與市場的流動性，維持合適的投資本金很重要；因為隨著本金的不同，交易的技巧也會不同，可以交易的股票也不一樣。資金管理的能力並非一蹴可幾，而是要漸漸積累。成功投資人的資產曲線，應該

要像上圖藍色的線一樣。領出獲利是防止中途發生鉅額虧損使資金下跌的好方法。賺大錢並不會跟本金成正比，就算是小額的本金，只要持續投資成功，不知不覺間也會創造鉅額收益；只要保持初衷，遵守投資原則，就可以獲利。不管是賺是賠，投資成功的根本，就在於資金與心態的管理。建立一套可以機械式管理的投資方式，並好好遵守，它將會成為帶領你邁向成功投資的嚮導。

賺錢的
交易心理

Chapter 3

判斷
行情的心態

未來的預測只是劇本

投資股票的時候，我們最常看見的東西就是數字。會影響市場的數字有 GDP（國內生產毛額）、PMI（採購經理人指數）、CPI（消費者物價指數）、PPI（生產者物價指數）、匯率、利率……等；會影響股價的數字則有財務報表上的銷售額、營業利益、淨利、營業利益率……等。數字的走勢與變化，被當作是用來預測市場未來價格的工具，我們還會將這些數字組合起來，建立演算法，甚至於搭載 AI 功能，試圖預測未來的價格。就如同技術分析一樣，當大多數投資人都相信並追隨這個數字，分析就會非常正確；但當信任減弱，這個數字就會不正確。我們雖然可以利用過去的數字分析市場，但卻難以利用過去與現在的數字預測未來。我們可以從股價的走勢中確認結果。股價是先評估未來利益的價值，再換算成現值，所以有些企業雖然現階段的利潤良好，但股價卻下跌；有些企業雖然目前虧損，但股價卻上漲。

IMF、聯準會、華爾街投資銀行等機構，每年每季都會發表經濟成長率、物價等預測值。他們都是大名鼎鼎的專家，但卻也經常失準，每次發表經濟預測，都還要反覆修正。全球經濟環境隨時隨地都在變化，這些數字當然不可能準確，他們只是經由統計後公開預測值，並努力提高準確率。許多專家會根據這些機構的資料，發表自己的看法。過去我們經歷過許多荒腔走板的預測或主張。1997 年 12 月，韓國政府以外匯存底的數額，向全國人民公開演說，表示韓國不會有違約危機；但是不到一週後就發表了國家破產宣言。2008 年 9 月雷曼兄弟檢測自家的虧損承擔能力——資本適足率為 11.7%，這項數值高於高盛與美國銀行，但是雷曼兄弟卻隨即倒閉。2008 年美國引發全球金融危機，各種指標都指向最壞的情況，全球的學者都認為美國經濟日後數十年都將難以復甦；但是股票市場僅時隔一年、經濟僅花了幾年，就都恢復了正常。專家也曾預測，英國脫歐若成為現實，歐洲將會陷入混亂，英國經濟將會崩盤；但其實什麼都沒發生。2020 年新冠肺炎大流行，經濟成長率下跌將近 30%，不過股票市場在幾個月後就重新復甦了。這段從非正常回歸到正常的過程中，股市先是重挫，再來是經歷了一段不正常的上漲，股市才回歸正常。

數字不但易於測量，也容易公式化，很符合這個資訊共享的時代，可以即時提供消息。但是未來我們所預估的投資裡，不只存在著過去和現在的數字，還有其他「某種東西」在發揮作用。當我們在談論股價的時候，雖然會以數字的變化作為基礎，但當數字不足以解釋的時候，我們就必須帶入「故事」。

這個世界並非永遠都會按照常理運作，也不會永遠都和過去一樣。有時候會爆發流行疾病、也會發生戰爭，自然災害也會改變經濟環境。就好比在以前英國的地下礦坑裡，每當有毒氣體洩漏時，金絲雀都會最先倒下，傳遞出危險的信號；擾亂全球經濟環境、金融體系的都是微小的事件。當我們對數字的信任被打破時，就像是人與人的約定被打破一樣，總會有第一個人開始產生不信任。如果我們對數字的信任降低，各種非主流的理論就會支配著市場，最具代表性的案例就是「迷因股」。就算是瀕臨破產的企業，當世界處於不正常的狀態下，只要可以跟上流行，股價也會大幅上漲。原本不重要的藥品製造股，在新冠肺炎發生的時候，跟上了迷因的流行，經歷一波暴漲。隨著烏克蘭戰爭爆發，原本連名字都沒有的礦產企業股票，卻成為所有投資人都爭相買進的股票。

股票市場是一個難以預測未來、難以被定型化的領域；在這裡，人們懷抱著希望、開心、夢想、恐懼、焦慮等內在情緒進行投資。未來價值愈難判斷，投資就愈是盛行。脫離理論價值的價格變化愈大，投資人的情緒就愈是混亂。在沒有判斷標準，或是不符合標準的情況下，若非得要做出判斷，多半也只能自立自強。我們經常說，虛擬貨幣的內在價值是零，但是全球卻有這麼多人都在投資。這世界上有很多光靠數字無法理解的事情，股票市場映照著這個世界，所以會發生無法靠數字判斷的事情。

建立固定的框架（數字）並執著於其中的話，在數字碰到瓶頸的時候，你將無法合理進行解釋。我們就生活在這樣的世界，進行著這樣的投資。持續觀察世界，擁有屬於自我判斷的洞察能力，遠比數字更重要。學習經濟學並無法讓你獲得洞察世界的直覺，更重要的是擁有人文素養，能夠以各種角度理解這個世界。與其關注行情，不如關注社會新聞；比起關注股票話題，更應該關注產業新聞。驅動股票市場的理論數字，只要有利率和匯率就夠了。實戰投資大都是始於了解與世界變化有關的產業和技術變化。

簡化才是關鍵

● ● ●

剛開始投資股票的投資人，多半夢想著擁有高報酬率，「祝你股票大漲」是投資人之間日常的招呼語。他們不是投機，為了想要成功投資，他們學習財務報表、查看股票圖表、閱讀專家所寫的文章並收聽節目。倘若太認真學習財務報表，很可能又會在某個瞬間感覺「我又不是分析師，感覺我學太深了」，接著在某個時間點宣告放棄。學完基本的股票圖表分析之後，又開始看各種輔助指標、思考變數，但到了這個時候，又會覺得「我又不是專業操盤手，有必要學成這樣嗎？」又再度宣告放棄。不斷聽著大量專家的節目，突然又覺得「好像不太適合我」，接著這些專家的建議，便成為了掠過耳際的噪音。

據說這世界上幾乎所有的問題與學習的過程，都是由「什麼」和「如何」所組成的，就如同我們會去探究目前我們面對的狀況是由「什麼」所形成。這種情況是「如何」變化而來的一樣。哲學家們一直以來都在討論著「組成這世界的物質是什麼」、「這世界是怎麼創造出來的？」等諸如此類的煩惱。但是我們多半對這些問題不太關心。儘管如此，我們還是學習古代東西方思想家的理論，也許是因為這麼做，能讓我們充分對現在的生活產生共鳴吧。透過這些無聊又無趣、沒有正確解答的問題，可以讓我們了解，就算不是正確解答，但得出一個屬於自己的結論，對我們的人生來說很重要。

想要很會投資股票，我們該學習什麼？這些我們必須學習的「什麼」，最終會成為驅動市場的「什麼」。我們通常認為，以匯率與利率為基準的景氣循環、流動性（資金）與景氣（企業利益）就是那個「什麼」。

匯率是依照該國家的政治、經濟狀況、外匯收支、進出口動向、與對手國貨幣的比較等因素所決定。利率是根據景氣所帶來的需求、與需求（或供給）有關的物價、以及與物價有關的基準利率和市場利率的變動所產生。流動性取決於經濟狀況，如果經濟衰退，就往市場投放資金，若經濟擴張，就回收市場的資金。倘若國家發生危機，不僅是中央政府，負責財政的行政部門也會投放資金，試圖復甦經濟。企業利益雖然會依照各個產業，擁有不同的成長與下跌週期，但是都一樣無法擺脫世界與國家的景氣循環。個別企業的利益，會以核心技術為基礎，受到新產品上市、市場滲透與行銷等因素影響。若個別企業的利益增加，市場的市值就會增加，也就代表著市場的上漲。

要「如何」投資，才能在股票投資上取得成績呢？即便是自信滿滿開始投資股票的人，隨著時間愈來愈久，也會開始認為「股票投資靠認真學習就能有所成」。再過一段時間，他會開始自我催眠，認為「股票投資的成功靠的不是學習，90%以上靠的都是運氣」，他們會感到挫折，然後開始認為「如果靠學習就能賺錢，那麼經濟、經營、財務學系的教授或會計師不就都是有錢人嗎？」、「企業表現良好如果是重點，那麼分析師應該都要是有錢人吧？這些都是徒勞無功的行為罷了」。

重點在於過程中學習。我們要在學習的過程中學習，然後實際運用這當中學習到的事物，接著在投資的過程中再次學習。當我們學習過，就會發現專家們所說的不是什麼厲害的理論，股票投資也不算什麼。但是如果以理論為基礎，開始實際執行投資，就會深刻體會到實戰投資的困難之處，也會開始討厭那些只會說「大話」的理論家。甚至最後產生不是每個人都可以投資股票的想法，最終感到挫敗而放棄。

俗話說「兩光巫師害死人」，這世界上所有事情，剛開始學習的時候雖然困難，但熟悉了之後，就會覺得看起來很容易。詩詞創作的初學者，運用各種艱澀的詞彙，寫出一首連自己都看不懂的詩；這世界上幾乎所有的小男孩，都覺得自己是足球神童；人文學家說話比上了年紀的老人家還老成。我們要先跨越這個過程，才可以讓事情簡化，才可以寫出一首連孩子都看得懂、能夠感同身受的詩；才可以稱讚足球選手們的偉大；才可以在深刻體驗過世間萬物的老人面前保持謙遜。

世上沒有白吃的午餐，金錢更是如此。我們在學習和實戰投資的過程中，建立自己的投資原則與投資哲學。最簡單的投資原則最有效率，聽到專家們提出簡單的投資原則，還覺得「他也不怎麼樣」的你，還差得遠了。

思想無法輸出

● ● ●

這世界上，真的有所謂的真實嗎？東西方哲學家甚至有人還說，就連我們眼前所見的一切，都有可能只是錯覺或夢境。就算是現實中的客觀現實也一樣，我們都無法聲稱我們所預測的未來會是準確的。股票投資是推測未來的股價，以及標的企業的未來利益，再進行投資；其中沒有任何一件事可以確定，我們投資的都只不過是「機率」。這世上許多專家，不斷談論著未來的情勢，投資人聽著他們的理論，有時候會產生共鳴，有時候會對他們的主觀臆測感到生氣。但是有些投資人，會去追究他們的主張是「對或錯」，這就太愚蠢了；因為我們都知道，沒有人可以確定答案。

即便如此，不斷學習與分析邏輯在機率上的準確性，這個過程比結果更加重要。我們沒有辦法把另一個人的想法，原封不動地搬進自己的腦海裡。別人的想法沒有對錯，我們必須要經歷過自我思考，才能夠得出對錯，歸納出自己的結論。許多專家都會建議我們：「不管對或錯，我們都必須要有自己的市場觀點。」唯有這麼做，我們才能夠在自己判斷錯誤的時候，反向操作；在正確的時候，大舉獲利。如果我們沒有自己的標準，股價上漲就上漲，下跌就下跌，由於不知道原因是什麼，所以只能慌慌張張，心境上也會很辛苦。

我在股票投資的講座上，會強調「市場狀況→領頭產業→領頭股→圖表與供需→交易時機」的順序。利率與匯率是判斷市場狀況的根據；政策與產業循環是領頭產業分析的基礎；領頭股是產業中利益增長率最高的主力企業；股票 K 線圖要向上走揚，供需以各家機構同時買進並持有的股票會比較好；交易時機要根據反映著投資人心態的陽線與陰線，以及盤中的走勢來判斷；目標股價要根據企業未來獲利價值進行判斷。如果解讀數字指標，可以直接連結到獲利，那麼大部分的專家們都應該要賺大錢，但可惜現實並非如此，這當中還有其他某些重要的因素。

股票市場的趨勢，也就是股價走勢，多半都不會按著理論走。非理性的投資行為所造成的股價扭曲、市場無法提前反應變數、因供需扭曲引發的股價變動，這些都不屬於理論的範疇。我們雖然可以事後解讀，但卻無法預測，我們能做的只有應對。

由於精準判斷不容易，所以我們稱之為「機率性判斷」；因為猜不到，所以才會說「要分批買進和賣出」。沒有任何一件事可以確定。但反正都不能確定的話，那可以靠運氣投資嗎？股票投資人之間，流傳著「祈禱交易法」一說，這是一種自我嘲諷的說法，意思是買進周遭人士推薦的股票之後，開始「祈禱」股價上漲。甚至連證券公司的員工也會在買進股票之後開玩笑說：「好吧，我們現在開始祈禱吧。」那麼，我們全都是靠運氣投資的嗎？猴子的投資報酬率比華爾街基金經理人更高的實驗是真的嗎？我們不斷學習投資策略（技法）的原因，是不是因為靠運氣投資太丟臉，所以心態上覺得要透過什麼數學或科學來呈現呢？如果這些東西和報酬率沒有絕對關係，那麼學習不就毫無意義嗎？

即便是被多數專家所使用的判斷指標，根據使用的人不同，可能會獲利、也可能不會。就算我們看著相同的指標，分析也可能不同，或者是分析能力也會有所不同。我們常說讀書要看到字裡行間所透露的訊息，知識的積累愈多，能看懂的也愈多，收穫也愈多。雖然分析的行為是一樣的，但結果卻是不同的。

打開 HTS 軟體，數十年來的股價走勢一目了然。不過，仍然有專家會親自手寫或是利用 Excel 輸入圖表、進出口數據和經濟指標。比起無條件接受他人提供的數據，自行建立指標，可以讓他們用自己的邏輯解讀趨勢。觀察股價走勢，對於未來股價預測擁有自己的想法、觀察指標，對於趨勢變化擁有自己的想法、從無數的新聞中挑選出重要的新聞，判斷出哪些會對市場與股價造成影響，這些能力和洞察力都不是專家教給我們的。工具可以分享，但思想無法分享。判斷是自己做的，結果也是由自己的判斷所決定的。投資的時候，我們無法把判斷的最終決策輸出給他人。這些本來就是自己的本分。為了做出判斷，我們雖然必須經歷過試錯的階段，但我們也要不斷學習投資以減少其中的誤差。

遵守常識

● ● ●

股市波動是每個人都知道的常識。雖然股市每天的波動都不同於過往，但有著可以顯示出市場漲跌的指標，而且市場無法擺脫「那些東西」。市場行情的核心是利率與匯率。下圖簡略呈現出了資本市場的歷史性趨勢。

| 資本市場的歷史性趨勢 |

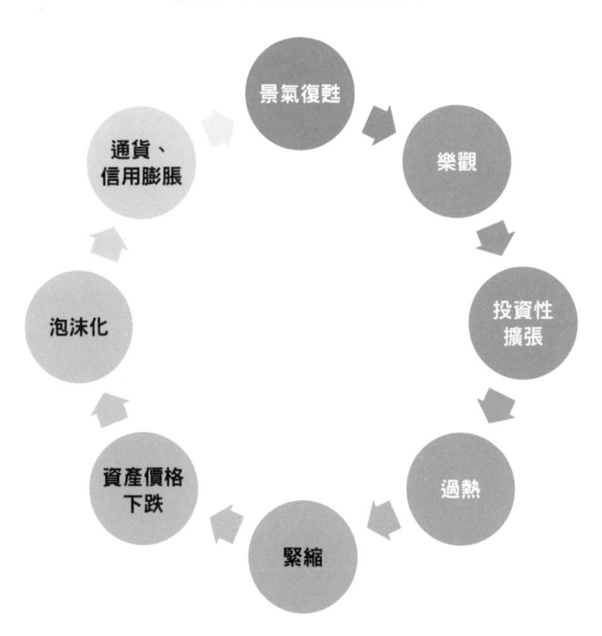

股票市場會跟著資金流動，週期性出現好轉與轉壞的循環。當景氣不好，或是資本市場發生危機的時候，透過調降利率或量化寬鬆，為市場提供豐沛的流動性；就比如在氣球裡注入空氣一樣，提供大量資金進入市場，股票市場就會上漲。如果持續供應資金，幾乎所有資產的價格都會上升，最後會引發投資性擴張。接下來中央銀行，就會重新回收釋放在市場上的資金，防止泡沫破裂；目的是要將氣球裡的空氣一點一滴抽出來，防止氣球爆炸，讓氣球處於穩定的狀態。此時利率開始調漲，開始量化緊縮。股票市場一開始會暴跌，對緊縮做出反應，接著再逐漸下跌，等到狀態穩定之後，又再開始反彈。如果這個時候無法穩定排出空氣，氣球就會爆炸，引發金融系統危機與經濟衰退。當資金流入，市場就會上漲；當資金退場，市場就會下跌，這是非常基本的常識。也就是說，在利率上調、量化緊縮的時期，股市會走跌；在利率調降、量化寬鬆的時期，股市會上漲。雖然實體經濟會有時差，但是市場最後仍然會隨著資金流動而波動。

對於會受到外資大幅影響的韓國市場而言，利率很重要。一個國家的利率，就代表著他的競爭力。景氣良好且成長優良的國家，匯率會比較強勢；反之，弱勢的國家匯率就比較弱。匯率是以美元為基準相對漲跌，當歐洲景氣較好的時候，歐元就會比較強勢，相對來說美元就會處於弱勢。當世界經濟衰退堪憂，被視爲安全資產的美元就會較強勢。國家匯率會因為經濟因素而有所漲跌，但是股票市場會因為匯率的變動，對外資供需帶來巨大的影響。假如韓國景氣表現良好，匯率較為強勢（美元兌韓元下跌）的期間，外資就會買進韓國的股票。由於韓國景氣正在好轉，除了投資股票可以獲利以外，匯率下跌的時候，還可以賺取匯差，是一個追求雙向利益的好機會。由於外資把美元換成韓幣進行投資，韓幣需求增加，也會進一步使韓元更加強勢，這將會形成股市、景氣、匯率的良性結構。

然而，在景氣衰退的時期，韓元處於弱勢（美元兌韓幣上漲），外資如果投資韓國股市，將會引發股價的下跌和匯率的損失，所以外資會積極賣出股票。外資賣出股票的行為，將會助長韓幣貶值，如此一來就會進入「企業業績惡化→外資賣出→韓元轉弱」的惡性循環。以總市值來說，外資持有韓國整體股市30%以上的股票，當他們的大量買進或大量賣出，都會對市場造成直接的影響。結果就是，當韓幣強勢的時候，市場就會上漲；當韓幣弱勢的時候，市場就會下跌。

這是一個非常單純且符合常識的循環，並且短期之內不會頻繁出現趨勢轉換。當利率一旦開始上漲，就會長時間上漲，下跌的時候也是一樣，匯率也必然會有趨勢上漲或下跌。美國中央銀行或韓國中央銀行若想調升利率，就必須要在股票市場上退一步。等一到兩年的利率上調結束之後，市場回歸穩定，或是利率再度下調的時候，就可以開始投資股票。想要在升息期間獲利，不是一件容易的事。想要買進便宜的股票，進行長期投資的投資人，應該在調升利率和韓幣轉弱的期間分批買進；從事動能投資或短期交易的投資人，則應該在調降利率或韓幣強勢的期間進行投資。

幾十年過去了，這段時間以來利率與匯率對股市造成的影響並沒有改變。千萬不要想著「這一次可能會不一樣」，股票市場會隨著金流波動，而決定金流的就是人類。只要人們的心態和市場的反應不變，市場就不會脫離基本走向。雖然說這是基本，而且是一種常識，但要跟著它行動也不是一件容易的事，我們總是會認為這次是例外，自己可以逃過一劫。不過只要稍微遠觀市場，努力不脫離常識，至少就可以避免掉大額的虧損。

股市在景氣衰退期仍然上漲的原因

股票市場走在景氣之前，並且彼此掛鉤。當我們預測日後景氣會衰退，無關乎當下的景氣如何，股價都會下跌。但即便目前景氣不佳，但當我們預測日後景氣會逐漸復甦，買盤就會湧入成為市場上漲的動能。倘若出現金融系統與景氣衰退的危機，股市雖然會短期崩跌，但也會快速復甦。根據基數效應來說，當我們判斷景氣與金融系統會快速穩定時，買盤就會湧現。

浦上邦雄的解釋是，景氣衰退期的時候，金融轉強，市場就會暴漲；景氣活躍期的時候，會轉為反金融市場，所以市場會下跌，因為股票市場會領先反應景氣。在危機狀態下，中央銀行的流動性供給會帶動市場。

以美國對於1950年之後，經濟負成長前一年、當年度與後一年的股票市場漲跌統計來看，經濟負成長的年度，市場平均上升了20.5%；然而前一年平均下跌7.1%，後一年則是平均上漲了 11.7%。從中我們可以看到，進入景氣衰退期之前，市場雖然會下跌，但實際進入景氣衰退期與之後的時期，股票市場卻有所上漲。在景氣衰退的期間，輿論媒體連日針對「經濟危機」進行大篇幅報導，但是股票市場卻在暴漲。

韓國在 1998 年經歷了外匯危機，經濟增長率達到負 6.9%，處於衰退時期；但是股票市場卻從當年度的秋天開始強勁反彈，股價指數暴漲了三倍，僅花了一年的時間，指數就從不到 300 點，上漲到了 1,000 點。2008 年美國金融危機時期，道瓊指數崩跌至 6,469 點，但是只花了一年的時間就上漲到 11,250 點。當經濟指標不好的時候，投資人的體感會差上好幾倍，回想一下韓國外匯危機的時候，就可以知道情況會有多糟糕。股票市場會從最壞的時間點開始上漲，但此時景氣依然不佳，企業業績依然萎靡不振，日常生活也很艱辛。但是在這種情況下的市場依然在漲，這是在股市圈以外的人難以理解的走向。

2020 年春天，全世界迎來新冠肺炎大流行這個前所未有的事態，各種封鎖令，使得企業停工，癱瘓日常。當然，經濟瞬間進入衰退的局勢，相較於去年同期，當年度的第二季 GDP，美國是 -32.9%（相比前一季 -9.5%）、日本 -7.8%、德國 -10.1%、歐洲圈 -12.1%、韓國 -3.2%，逆成長延燒到了下一季。但是 KOSPI 市場在 2020 年 3 月開始，從 1,439 點一路漲到 3,096 點，僅花了一年的時間就上漲了兩倍以上。

我們也不能只用股市會先行反應景氣的理論來解釋股票市場。當然，在景氣衰退的時候我們也不能盲目買進股票，要先確定有沒有體現日後景氣會好轉的先行指標。然而大部分在市場走跌的情況下，都只存在悲觀的指標，專家們的展望也清一色都是悲觀論。儘管如此，名留青史的投資大師們還是會在這種時期大量買進股票，大舉獲利。這是因為他們認為，現在的景氣雖然明顯不佳，但事過境遷之後，景氣的走勢至少會比現在更好，同時，他們擁有能夠果決下注的能力。比起我們對市場的判斷，市場波動更明確的標準是中央銀行的貨幣金融政策，以及行政當局的景氣振興政策，因為市場靠的不是經濟指標，而是金錢的力量，視「供需」為優先。

當我們回顧資本市場的歷史時，會發現只要一遇到景氣衰退或危機狀況，資產價格就會崩跌，接著大家陷入恐慌，信用快速萎縮，最終泡沫化。遇到危機的時候，制定政策的當局，會以人為的方式向市場供應流動性，使信用膨脹。利用政策，透過穩定金融系統提高企業利益，自然會引導景氣復甦。在這個過程中，他們會透過人為供應流動性，經由「調降利率」與「量化寬鬆」，注入大量資金，當資金流入股市，就會帶動市場。不管是 2008 年美國金融危機時期，還是 2020 年新冠肺炎大流行的時期，都有天文數字般的資金流入市場，然後股市以最快的速度吸收這筆資金，從而上漲。

最終，讓股票市場強勢上漲的不是經濟指標，而是「基數效應」與「流動性效應」。對於從股票市場外部分析經濟的人來說，這看起來也許就像是投機。2020 年新冠大流行後，流入市場的天文數字資金，帶動不動產、虛擬貨幣、股票市場上漲至不合理的水平。股票市場長期以來都透過類似的過程在運作著，而現在也是一樣。2022 年的夏天，現在的我們反而必須要消除過度暴漲的資產價格泡沫現象，真是諷刺。這次的調升利率、量化緊縮循環也是一樣，等到泡沫消散，市場又會反映出未來的景氣復甦，並逐漸上漲。

共鳴投資與逆向思維

●　●　●

我們常說「要逆向投資」，也就是要在市場下跌的時候買進，在市場上漲、皆大歡喜的時候賣出。幾乎所有投資人都認同逆向投資的價值，而且也想這麼做。但是當市場真的下跌的時候，又覺得好像會跌無止盡，上漲的時候又覺得好像隨時都會崩盤，實踐不如想像中簡單。我們常說「股市就像選美大會」，也就是說，比起選擇真正的美女，在這裡我們所選擇的是群眾覺得漂亮的美女。雖然大家都說，如果沒有自己的投資原則，只遵從市場趨勢，失敗的機率會大於獲利的機率；但是市場上明顯就存在著風格基金，每個時期都有著主流的題材。

就好比群眾狂熱的時候，我們要準備靜靜離場；當群眾陷入絕望的時候，我們要開始慢慢買進一樣，比起投資個股中所有人都瘋狂的題材或迷因股，買進並持有股價相較於價值處於低檔的冷門股，反而更能大舉獲利。逆向投資、投資冷門的價值股，這句話雖然是對的，但還是有要注意的地方。由於我們是處在市場內追求收益，逆市投資很可能招致風險。我們該做的是逆向判斷市場參與者們的聚集之處，而不是跟市場背道而馳。有些投資人會在市場轉跌的時候反向投資、有些投資人會在市場強勢的區間裡投資反向指數槓桿、有些投資人會在調漲利率，成長股轉跌或處於相對弱勢的區間裡，堅持己見投資成長股。

逆向投資必須要有堅定的自我信任，要累積自己對企業分析的自信。逆向投資的固執跟堅持不一樣，也就是說，我們要順應市場，但是知道自己現階段正在朝著與市場不同的方向前進。入口網站上討論度最高的股票，就是現在最熱門的股票；人們最常談論的產業，就是現在發展最好的產業。迷因股是利用股票供需，推高沒有利潤的企業股價，所以會以短期交易收場；但是如果心態上可以對有關產業循環的供需與世界的變化產生共鳴，就可為我們帶來收益。順應市場這句話，除了順應市場的方向以外，還要順應市場供需的移動。與全球變化和技術變遷背道而馳，不能稱之為逆向投資。我們必須時時刻刻努力和市場產生共鳴。

高點創造貪婪
低點製造恐懼

●　●　●

從我的經驗上來說，幾乎所有投資人都知道市場存在著週期。但是股票崩跌的時候，所有利空消息都會引發恐懼，造成股價進一步崩跌，驅使人們賣出手上的股票。在牛市裡，人們又被美好的未來願景與上調目標價的分析報告給吸引，開始追高。

「好，等下次股票市場崩跌，我要忽視所有負面的新聞，橫掃低價股。」下定決心很容易，但就像彼得・林區所說，新的危機往往會看起來都比舊危機更加嚴峻，所以要忽視利空消息非常困難。

下圖呈現的是典型的投資人「恐懼與貪婪指數」。2022年4月，美國升息加上烏克蘭戰爭，使投資情緒進入「極度恐懼」的區間。

| 恐懼與貪婪指數 |

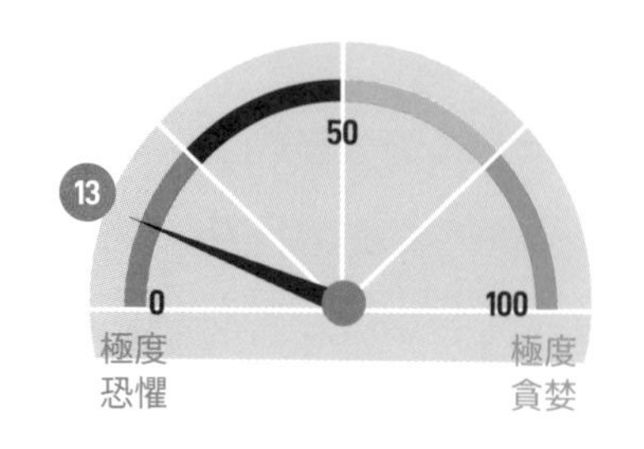

上一個收盤價 極度恐懼	17
一週前 極度恐懼	24
一個月前 **恐懼**	35
一年前 中立	51

| 2022年初S&P500股價走勢 |

第二張圖是 2022 年初 S&P500 的股價走勢。一月時對升息的恐懼、二月時對烏克蘭戰爭的恐懼，使股價在二月時短期崩跌 15%，最終恐懼與貪婪指數在三月初達到巔峰。但是此時市場已經形成短期低點，指數又再次上漲。恐懼指數的傾斜，不管是短期還是長期，都可能成為走勢

轉變的重要信號。接下來，長期宏觀趨勢將會決定中長期的市場方向，但是極度恐懼的心態，就會在這個時間點形成低點。

韓國銀行效仿美國舊金山聯邦銀行公布的「新聞情緒指標」（news sentiment index），將五十家媒體的經濟新聞分類成肯定、否定、中立，並加以指數化，發表了「新聞心理指數」。結果發現，實際上新聞心理指數與消費者心理指數的相關係數為 0.75，而且會搶先主要經濟指標一到兩個月，當主流輿論良好的時候，就會集中報導好的一面；當不好的時候，就會集中報導壞的一面。如果新聞頭版上出現「史上最低點」，代表最低點已經過了；如果新聞報導「史上最高點」，那麼就是最高點已經過了，這也是目前輿論只報導事實所帶來的限制。股票市場現在反映出來的是未來的情況，至於現在是好或是壞，股市早已經反映過了。

指數中最具代表性的有修伯特那斯達克股市通訊信心指數（HNNSI，詢問市場專家對日後市場看法所制定的指標）、美國散戶投資人情緒指數（AAII，詢問個人投資者對市場的看法所制定的指標），以及前面我們看過的恐懼與貪婪指數（Fear and Greed Index，根據七種指標的程度所制定的指標），這些指標是用來掌握市場參與者的情緒與輿論報導的市場動向中，非常重要的指標。機構投資人經常利用極端的情緒傾斜以及由此引發的供需傾斜來判斷高點與低點。恐懼的情緒愈龐大，市場的需求就會愈向下傾斜，賣空和選擇權會快速增加。選擇權 Put ／ Call 比（PUT–CALL Ratio）是判斷供需扭曲最具代表性的指標，Put 是賭市場下跌，Call 則是賭市場上漲。如果市場發生極端傾向某一方的情況，不久之後市場就會朝反方向移動。

市場大幅上漲或下跌的時候，分析師會依據企業的利益與匯率，提出合理價格，發表股票是高估或低估。但是我們卻經常經歷過市場漲跌的幅度卻超出了分析師預估分析的情況。假如我們被專家的分析報告書給迷惑，投資就會變得困難。通常分析師都會在市場強勢的時候給予高於平均的評價，在市場轉弱的時候低估。就如前述彼得・林區所說的，投資的時候我們很難從群體情緒中脫身。所以歸根結柢，為了不讓自己的內心被群眾所影響，設定客觀指標很重要。幾乎所有投資人都有類似的經驗，所以人們一直在制定各種的情緒指標。

想成為專家的投資者們

●　●　●

股票投資中，投資組合是為了降低風險，把投資利益極大化的分散投資。投資組合要考慮流動性、穩定性、收益性並建立策略；實際上大型管理公司都會有負責投資組合的管理人員。從更嚴格的意義上來說，分散風險的投資組合，意指空間的分散（space portfolio），意指分散投資到完全不同的市場上，如不動產、原物料、其他國家、債券等。在同一個市場上分散投資，則是指分別持有大型股與小型股、成長股與價值股等。我們都知道，當股票市場走跌的時候，所有股票都會同時走跌；但上漲的時候，只有一部分股票會上漲。在同一個市場上分散持有股票，確實可以減少波動性，但是不管是在追求利益或是分散風險方面，效果都不大顯著。

我們不是投資高手、不是有能力的企業分析師，也不是要適當分散運用大規模資金的基金管理人；我們很難像短期交易高手一樣，透過操盤獲利，也無法像看著自己的存款一樣，一眼就看透這麼多企業的財務報表。我們既沒有可以按照市場商品分類做出適當分散投資的知識，也沒有這樣的財力。儘管如此，我們還是想研究他們的投資方法，企圖跟著他們的建議進行投資。人們常說，股票「要長期投資績優股」，但是當市場進入長期的箱型走勢時，按照一定週期進行投資可能才是聰明的方法。我們也常說，為了分散風險「應該要好好建立投資組合」，但是我們的投資組合，通常都只有股票和現金；調整現金比例，比管理投資組合的概念更適合我們。在市場危險的時候，減持股票；在股票表現良好的時候，增加持股。雖然有少數消極且保守的投資人會持有現金，但大部分的投資人幾乎都是持有著股票。我們很難得知多數企業的內部情況，所以說比起分散投資，我們更該專注在自己熟悉的企業上，這麼做才會更加安全。若是分散投資自己不太了解的企業，最後就會因為各種原因，導致自己抱著正在走跌的股票。

我們應該要認清自己的極限，並從中尋找答案。非常了解股票圖表以及股價走勢特徵（股價會受到人們的情緒而波動，所以可以被歸納成幾個特徵）的投資人，應該要把這個能力當作武器進行投資。不了解多數企業成長潛能的投資人，應該要專注在幾個企業之上，散戶投資人沒有必要了解所有產業與企業，只要了解自己所投資的產業與企業就可以了。在市場裡找到屬於自己的領域，不僅會有成效，成績也會很好。

有些人會說「長期投資才是正確答案」；有些人則說「短期投資才能降低風險，更容易獲利」。有些人說要利用投資組合分散投資，但有些人則說「把雞蛋分在太多個籃子裡，將會難以管理，應該要裝在同一個籃子裡便於管理」。有些人追蹤飆股，有些人追蹤崩跌的股票；有些人選擇投資市場的冷門股，有些人則投資市場上目前最受歡迎的股票。專家們不管從理論上還是經驗上，都會堅持自己認為是對的投資方法，但其實所有的一切都沒有正確解答。我們必須跟他們不同，在自己的可控範圍內，利用自己最擅長的方式進行分析與投資。

我們雖然會不斷分析並思考「未來會朝什麼狀況發展」，但是這個問題往往沒有正確答案，而且也不太適合當成一個問題。就算這次被猜對了，也不代表下一次就會猜中。但是如果在毫無想法的情況下投資，發生變數的時候就會無法因應，所以我們必須要有屬於自己的市場觀點。

每年年底，各家證券公司的研究部門會公布下一年的市場展望，但是結果呢？大部分都是錯的，甚至很多時候，連市場是漲還是跌都沒能猜對。他們雖然談論著預估數值，但這些根本無法估計。他們是領著高薪，做著市場與企業分析的專家；如果我們想跟這些以分析市況和企業為職的人做到相同的程度，往往過於辛苦，壓力也會很大。我們只需要基於他們的分析資料，進行綜合性的思考即可。沒有必要親自查閱每一項數據，我們也不可能辦得到，我們只要做自己能做的就好了。不需要過度在意專家們的行情分析，也不用刻意去批判，聽取各種意見再加以綜合，歸納出「屬於自己的想法」就好了。想得愈多、分析的工具愈多、參考資料愈多，就愈不容易歸納出結論，選擇太多就會難以下決定。我們必須要適度利用、進行簡化。重點不在於成為股票投資的專家，而是要專注在自己最擅長的部分，從中獲利。

「這次一定會不一樣」所帶來的空虛感

浦上邦雄說，當市場觸碰到高點開始轉跌的時候，我們總是會認為「這次肯定不一樣」，接著就遇上了崩跌的市場。股市的運作總是會反應出最新遭遇的事件。第一次發生的時候，是歷史有點久遠的 2008 年不動產次級信貸金融危機，最近期的是 2020 年的新冠肺炎危機。每次危機發生的時候，總是說史無前例，各種指標在統計過後，也都會說這是歷史上首度發生的事件。經由過去的經驗與數據預估當下和未來的過程中，總是說這次和過去不一樣。未來怎麼可能和過去一樣呢？這是理所當然的吧。

但是諷刺的是，回顧股市的歷史，會發現市場的變化總是會以類似的趨勢發生，原因在於我們無法擺脫投資人所定義的理論，或者是無法擺脫自己。雖然事實擺在眼前，但卻無法從中脫身的原因，就在於即便我們認為「這次一定會不一樣」，但其實我們仍然走著跟過往一樣的道路，只要能理解這件事，會對我們日後在判斷行情與股價走勢時有所助益。

股市會先行反映出景氣，通常是六個月左右，但是近期景氣循環週期和股價的反映週期正在縮短。我們總是說著，只要可以好好克服這次的危機，就能夠避免景氣大幅衰退，但是一進到景氣衰退期，又總是軟著陸失敗，對市場造成衝擊。浦上邦雄對於數十年前的經濟趨勢和中央銀行的利率政策所導致股價波動，進行了非常淺顯易懂的說明。幾十年前的理論要套用現今的情況，雖然會有很多地方不太符合現況，但是這是解釋利率與股票市場相互關係最優秀的理論，我們將會見證這一次的市場，仍然無法擺脫這個框架。

當景氣陷入衰退期的時候，中央銀行會透過通貨膨脹、信用膨脹，向市場提供流動性（資金）。經由調降利率，企業可以用更低的利息融資，並讓個人願意多消費和投資，而非將錢存入銀行。這項措施的目的是要讓金融與實體經濟更加活絡。如果降息還不見效，中央銀行就會買入並持有市場上的債券，為市場提供資金。2008 年與 2020 年，美國聯準會無限制買進美國所發行的國債，為市場提供流動性，也就是所謂的量化寬鬆。如果向市場釋放資金，直接投資會驅使股價上漲，讓市場對於日後的景氣復甦抱持樂觀，使市場突破高點並上漲。量化寬鬆的規模愈大，股價就漲得愈高，2020 年新冠肺炎大流行時所採取的量化寬鬆，就是最具代表性的案例。

| 2020年KOSPI指數表 |

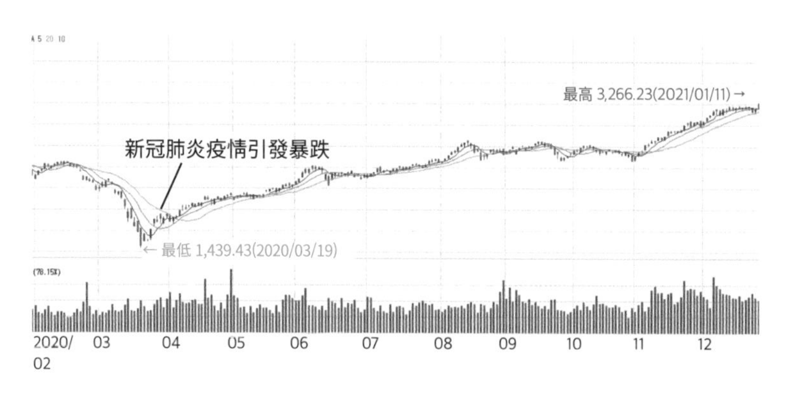

當股票市場與資產價格飆漲，幾乎所有的投資人都會湧入，導致投機擴張。隨著需求增加、物價上漲，資產價格就會開始產生泡沫，中央銀行便會採取措施，防止泡沫突然崩潰，開始調漲利率，也就是信用緊縮。到這個時候，即便未來的景氣展望表現並不壞，股票市場也會開始走跌，這是升息導致市場流動性減少所產生的效應，以及對於景氣放緩的

先行反映。同時，中央銀行會開始回收這段時間釋放到市場的資金，也就是量化寬鬆的反向操作——量化緊縮。中央銀行調漲利率與量化緊縮，總會使市場走跌。升息的幅度愈大，或是量化緊縮的規模愈大，市場就愈是崩跌。2022 年上半季美國從零利率開始升息，僅經過三次升息，利率就上漲至 1.75%，市場在一瞬間暴跌超過 20%。

| 2022年KOSPI指數圖表 |

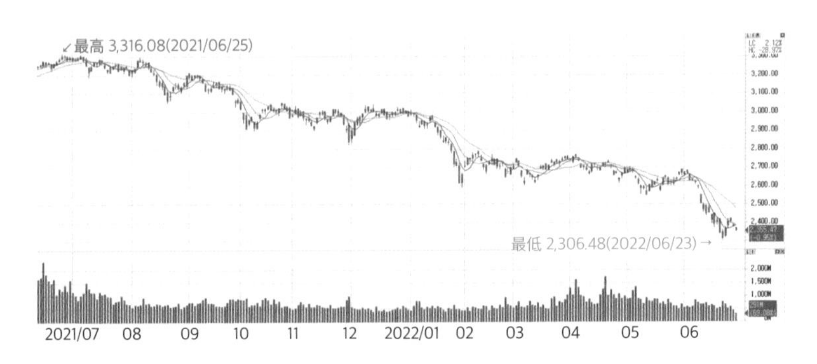

如果升息，財務狀態不佳且需要持續吸引資金注入的成長股就會走跌，而資產價值與目前利潤較佳的成長股表現會相對較好，基於這個理論，每次都會有人聲稱這次的發展會有所不同。2021 年底，聯準會預告即將升息。有意見指出，過去十年引領著市場的美國代表性成長股，不能與過去沒有利益支撐的成長股相提並論；由於股票投資的

是企業未來的利益增長，現在是第四次產業革命活躍的時期，所以平台公司與擁有成長管道的企業將會免於這次的下跌。然而 2022 年上半季，最具代表性的成長股都走跌了一半以上。許多全球基金這次也按照基本規則進行投資，但最具代表性的成長股基金 ARKK 整整暴跌了 70%以上。韓國市場也是如此；NAVER 與 Kakao 這類的平台企業、元宇宙企業、遊戲股，也都跌了一半以上。反而是造船股、海運股、食品股等最具代表性的價值與必需消費品產業表現良好，又再度證明了這次的走勢也與過去沒有不同。

2022年升息時蘋果股價

2022年升息時輝達股價

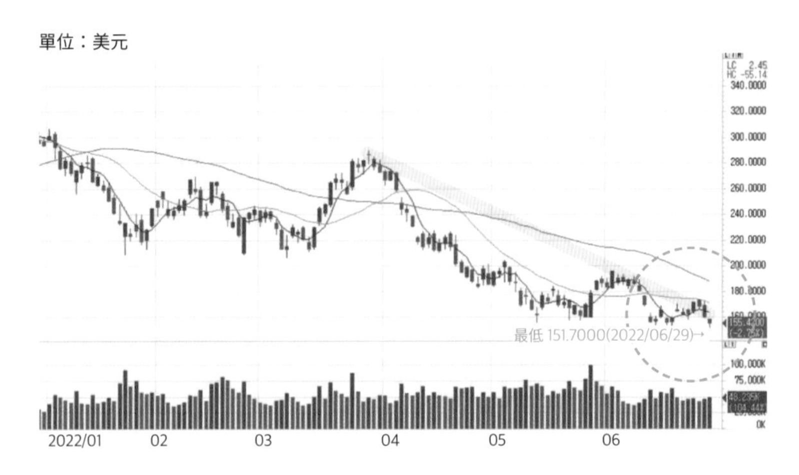

2022年升息時特斯拉股價

2022年升息時Netflix股價

單位：美元

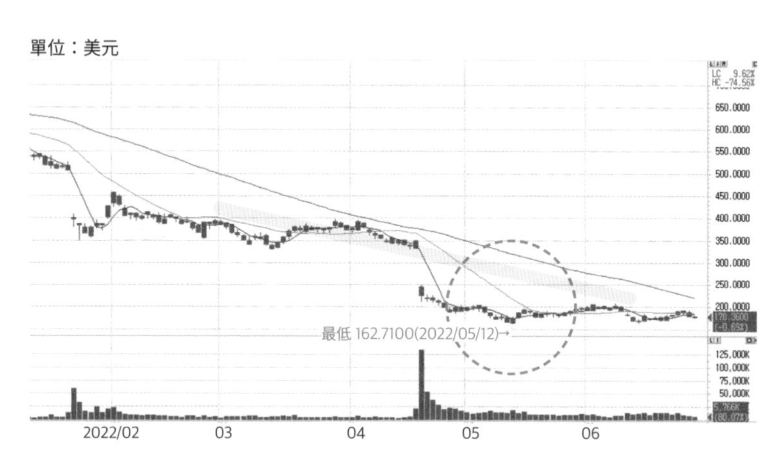

2021年高點以後NAVER的股價

單位：韓元

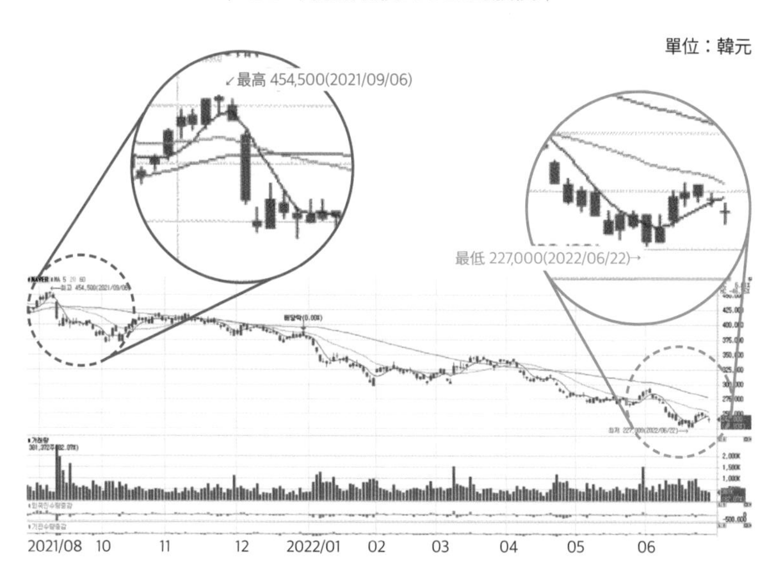

| 2021年高點後Kakao的股價 |

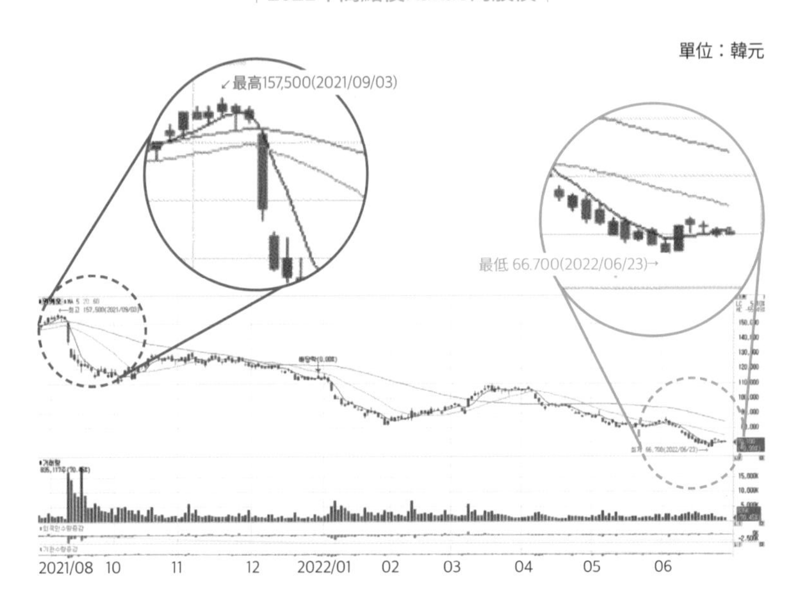

如果美國大幅升息，美元就會變得強勢，相對來說新興國家的貨幣價值就會下降。倘若美國升息，全球資金就會集中在相對比較穩定的美國國債與美元。在這個過程中，美元儲備金額不足的國家就會遇到外匯危機，經濟衰退會導致經濟能力較弱的國家面臨經濟危機。美國升息與量化緊縮導致，一到兩年後引發經濟衰退，使較弱勢的國家陷入危機；過去的歷史，在這一次很可能又會重演。聯準會主張，美國升息不會造成經濟衰退，也就是說，這次的升息與量化緊縮不是因為需求方的通貨膨脹與經濟過熱所

造成，而是起因於新冠肺炎大流行和烏克蘭－俄羅斯戰爭的供給方通貨膨脹，隨著時間過去，就會獲得緩解。但是2022年上半季過後，物價仍持續上漲，經濟指標放緩，景氣衰退的機率正在增加。美國與歐洲的經濟衰退，暗示著弱勢國家的危機。我們雖然認為這次會有所不同，但歸根結柢，世界經濟仍然陷入衰退與危機之中，而股市也反應了這個現象，正在快速走跌。

當快速崩跌的市場碰觸到低點，若想要再次上漲，就必須要由中央銀行再次提供流動性。過去我們因為擔心景氣過熱與泡沫化而升息，然而，一旦市場崩跌，景氣又衰退的話，我們又再度使用降息的方式來應對。但是這次又不一樣了，我們聲稱這次的升息不是因為景氣過熱，而是為了控制供應鏈扭曲所導致的物價飆漲，即便會造成經濟萎縮我們也必須承受，持續保持升息。實際上，經濟指標正由正轉負，但是聯準會卻無意放緩升息的速度。但是聯準會快速升息，是為了穩定飆漲的物價，等到物價穩定之後，升息的速度很可能就會放緩或調降，跟過去的模式一模一樣；究竟「這次不一樣」的主張，真的是正確的嗎？當經濟進入停滯期的時候，各種原物料的價格就會下降。下圖是最具代表性的產業原物料——銅與銀的價格下跌趨勢。由於價格已經反應出經濟衰退的憂慮，物價當然也會下跌，原因是需求減少了。這段時間以來，金融政治相關人士口中的「這次與過去不同」並沒有發生，股票市場又再次經歷混亂並走跌，等日後聯準會轉換政策之際，市場大趨勢又會再度轉揚。

當市場在下降趨勢中暴跌時，最後一定會出現外資大量拋售、機構根據規則機械式停損，以及散戶投資人反向交易所導致的供需失衡型暴跌。我們雖然會抱怨「這次能不

| 2022年銅價走勢圖 |

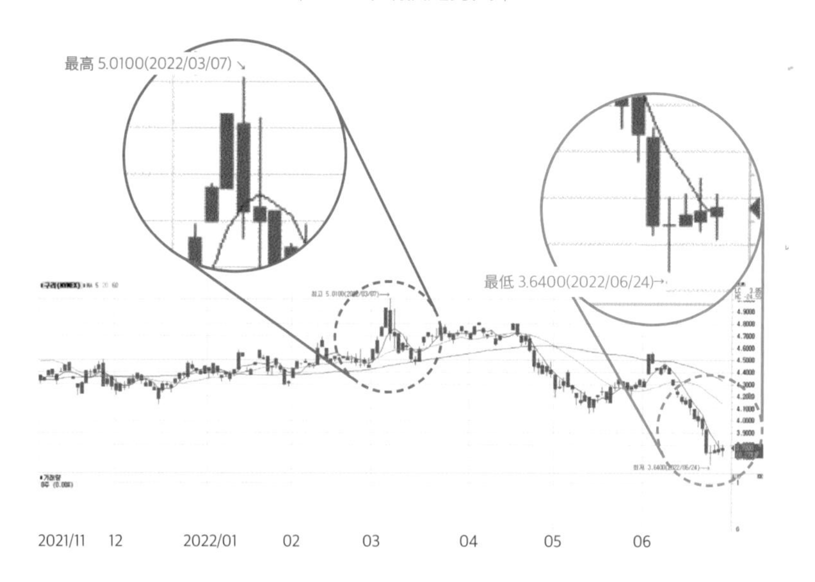

| 2022年白銀價格走勢圖 |

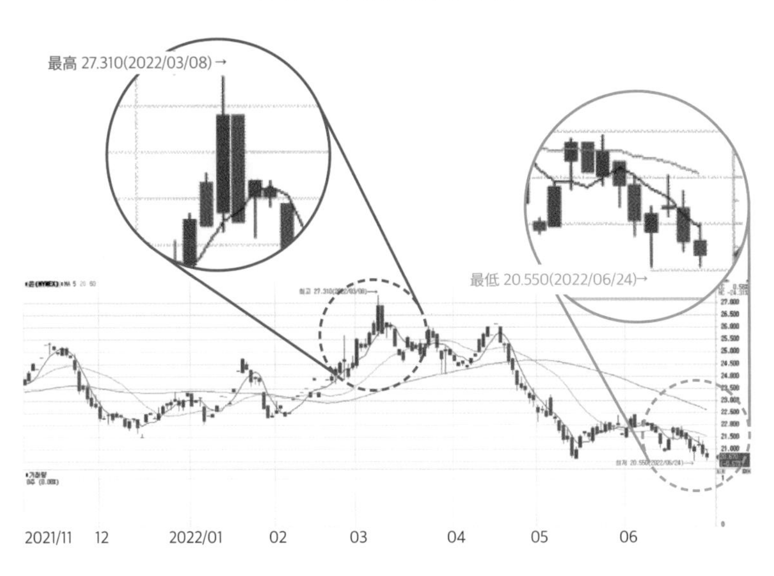

能有所不同？」但最終仍然要出現拋售，才有辦法形成短期或長期低點並觸底反彈。外資會根據全球資產分配與匯率進行機械式的拋售，機構則不在意企業的成長與否，會按照已經決定好的出場原則進行交易。

散戶並沒有上述這些規範。所以散戶擁有可以長期持有股票的優勢，但這項優點也有可能是缺點。在很多情況下，散戶並沒有在市場走跌時期停損，即便股價下跌到已經難以恢復的程度，依然持續抱著股票。使用信用、股票貸款、差額結算制度等槓桿投資操作的散戶，在市場崩跌的時期幾乎會虧掉所有的一切，即便後續股價會再次迎來強勁漲勢，這些散戶們也會因為開了槓桿而無法堅持下去。當下跌率達到一定程度之後，貸款的機構就會強制清算。當出現這種賣壓的時候，不論價格高低，最後都會以低價賣出，因此股價會崩跌。而這次的崩跌，又會再度形成內盤，再度引發需求失衡。此時股價會再暴跌，暴跌後又會在短期內反彈，有些人只會在這個時期進行投資，講好聽一點就是「賺聰明錢」。還有一種相同的投資方法，叫作擇優挑選（cherry picking），也就是在市場快速崩跌時期進行短期投資。雖然現在的散戶已經變得聰明許多，槓桿投資的比例也較小，所以我們認為這次會有所不同；但 2022 年的市場也在階段性走跌的區間，反覆出現了好幾次因拋售而造成的快速崩跌與反彈。

我在前作《韓國最強法人交易員的獲利關鍵》中提到，當價格上漲的狀態下，交易量如果暴增，並且出現陰線或長上影十字線的話，不論是部分或是全部，原則上都要賣出股票。就算是價格沒有上漲，但是交易量暴增，並出現大黑 K 的話，股價接下來就很可能會出現趨勢下跌。伴隨著成交量大增的情況下，在股價崩跌的過程中，許多投資人會認為這是「低價買進的機會」，但這種行為是在接刀。特別是成交量大、個股卻下跌（價跌量增）時，通常是因為有重大的利空消息，所以很多時候股價都會接連下跌。儘管如此，持有這檔股票的投資人選擇的卻不是賣出，而是加碼買進；這樣的買進都只是因為「期待著這次會有所不同」。

| 2022年KOSPI（短期崩跌後的逐步下跌） |

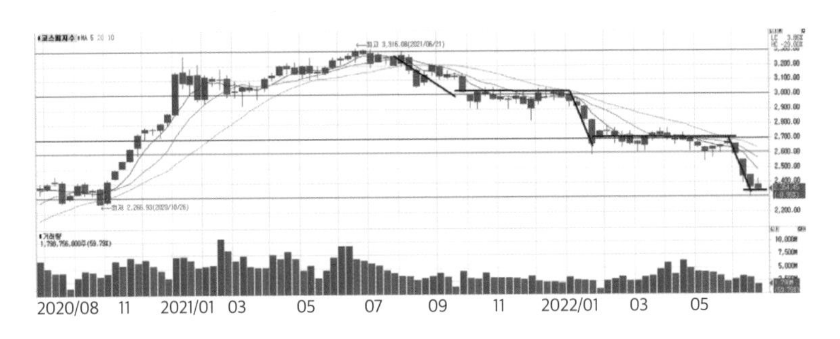

還有另一樣我們期待這次會有所不同的東西，也就是自己的投資應對方式。雖然我們知道過去升息與量化緊縮會使市場走跌，幾乎所有股票都會下跌，但我們依然會認為自己持有的股票不會發生問題。當投機膨脹，資產市場陷入狂熱，我們即便知道接下來馬上就可能出現貨幣緊縮與價格走跌，但是我們的行動卻依然響應著狂熱。雖然知道升息之後，被高估的成長股會走跌，但是卻認為自己所投資的成長股不會發生問題，選擇繼續持有；當股價下跌的

時候，就低價買進，持續攤平。雖然知道開槓桿不能長期投資，上漲了十倍的股票如果中間暴跌的話，就會無法繼續持有，得要賣出股票，但卻依然掉入槓桿投資的蜜糖裡。雖然知道股價短期暴跌後會出現拋售，接著馬上就會出現強勁的反彈，但是當股價一崩跌，就又會因為恐懼而賣出股票。即使做出有邏輯且理性的判斷，但是在實戰中卻依然感情行事。我們的投資模式也是其中一個不會改變的因素之一。

與 Mr. Market 的對話

●　●　●

股市往往就像是知道投資人的情緒一般，不斷上上下下。當投資人們普天同慶的時候，高點就會形成，接著會走跌；當前景不樂觀，人們感到憂鬱的時候，股市又總是會強勢上漲。某些時候，個股的股價會因為持有財力的特定勢力而上漲，但是市場絕對不會被特定勢力的意圖所操控。有些時候，在外資或退休年金集中買進股票的時期市場會上漲，賣出的時候市場會走跌，但是他們的需求也不能稱之為市場的走勢。當市場的規模愈大、流動性愈豐富，就愈沒有勢力得以動搖得了它，投資者們稱呼這樣的市場為「Mr. Market」。判斷並追蹤 Mr. Market 的漲跌，是投資人的義務。

市場往往會在我們追蹤指標的過程中，突然出現完全出乎意料的動向。有時候我們會像年幼的孩子般驚慌失措，也會被衍生商品市場牽著鼻子走。即便一直向前奔跑，不久後也會馬上停下來，疲憊地休息或者向後倒退。當市場受到外部衝擊的時候，也有可能會發生令人驚訝的大幅波動，市場會做出超乎我們意料之外的舉動，使投資人感到混亂。認為市場就好像掌握在自己手心上的投資人，不久之後就會嚐到苦果。

市場投資人每天都在與市場進行溝通，並透過實戰投資與個股溝通。投資人要看著目前的報價與股票的走勢跟股票溝通，了解「原來今天股價會上漲」、「現在股價在上漲等一下就會下跌」，然後再透過這些資訊，判斷現在是要買進還是再等待，又或者應該賣出。投資者們會透過股價動向、成交量、掛單餘量和圖表跟股票溝通。只要不是反覆無常的股票，都會在一定的準則下波動，投資人可以在這當中做出交易決策。但是市場的反覆無常，會原封不動地助長股價波動性。

在做市場判斷時，比他人更擅長和市場溝通的人具有著「洞察力」。經由長時間和市場的溝通，他們更能讀出指標上無法顯示出的市場情緒。市場不喜歡按照牌理出牌，有時候如湖水般寧靜，有時候又會瘋狂波動。當市場生氣時，就會在很短的時間內「發脾氣」（發作），但如果市場活躍起來，又會毫無阻礙地向上攀升。市場的波動性會造成投資人的混亂，混亂的投資情緒則會製造出供給的扭曲。股價暴跌時賣壓湧現，股價暴漲時又引發貪婪的收購。供給扭曲映射著投資人的情緒，但這並不是由市場所造成，而是由投資人對於市場變化感到混亂所造成的波動性。一旦出現異常的狀況，市場就會快速在短時間內回到自己的軌道上。

想要和 Mr. Market 對話非常麻煩，你必須得不斷跟它交談。不與市場對話做投資，等同於踏上一條毫無目的地的道路。行情就是這樣形成的，不管方向是對是錯，我們都必須要先設定好再做投資。假設自己判斷失利，就必須採取反向部位，但如果判斷得當，就要把收益最大化。沒有市場觀點的投資者，在股價上漲的時候「不知道股價為什麼漲」、「也不知道股價什麼時候會跌」，往往只能處在不安之中。當股價下跌的時候「不知道股價為什麼會跌」、「不知道應該要繼續抱還是要賣出」，只能夠處在慌張之中。當然，市場不會告訴我們確切的答案，但是我們必須跟它溝通，推測出現在是什麼狀況。

在和 Mr. Market 對話時，我們必須要避免對市場保有偏見、成見與錯覺。我們不能因為難以擺脫熟悉的事物，就讓這種心理方面的不協調，驅使我們按照自己的想法來判斷市場，或是進行誘導式對話。對於牛市的熟悉感，會使我們無法感受市場的善變；對於熊市的熟悉感，會使我們難以看出市場的情緒與供需。以為過去是這樣，所以現在也會是這樣，這種想法會使我們無法察覺對方目前的心情。盲目的樂觀，認為市場不會做出極端的選擇，過不了多久就會以後悔收場。即使市場崩跌，我的股票也會沒事，這種想法也很危險。當市場不穩定的時候，我們要去思考「為什麼會這樣」，然後管理好自己的股票。失敗的投資人，往往都認為自己是對的，市場是因為各種因素才會踏上歧途。市場走上的路，就是我們該走的路，認為市場是錯的、我才是對的，這種想法很危險。不能因為自己的想法跟市場的方向不同調，就去找理由合理化這份想法。面對市場的時候，務必要牢記：市場永遠都是對的。

脫離熟悉的事物

●　●　●

人們總是習慣說「本來就是這樣」，但其實沒有任何事情「本來就是這樣」。韓國市場上，當收盤價高於開盤價時，會在K線圖上用紅色標記，但是在美國卻是使用綠色。所以我們口中說的陽線是紅色，並非本來就是這樣，這些都不過是約定俗成而已。結婚的時候男方要準備好新房，在當年我結婚的時候本來還是這樣，但是對於現在年輕世代來說，卻早已不是當然。

群眾的熟悉感，會為我們提供心理方面的安定感，所以要從中脫身是一件不舒服的事情；這就好比是紅燈的時候幾乎所有人都過了馬路，但只有我獨自一人得等到綠燈亮起的時候一樣的不舒服。股票市場裡的群眾情緒也是一樣，在群眾高聲歡呼的牛市裡，很難判斷出高點賣出股票，而當所有人都因為害怕而在賣出的時候，可以選擇買進股票的投資人也僅有少數。從理智上來說，我們每個人都是聰明的，但是要擺脫愚蠢的群眾，並非理論上所說的那麼簡單。2020年

3 月新冠肺炎大流行後，這十五個月以來指數上漲了將近兩倍，而我們也已經習慣了這樣的氛圍。人們認為股票是只要買進並持有就可以獲利的投資方式，還有些專家提出建議，表示股票不是拿來賣的，而是要買進並持有。實際上，只要跟著買進大家都叫好的股票，價格就會上漲。隨著我們習慣了好一段時間持續上漲的市場，投資人們開始認為股票原來就是這樣。

但是從 2021 年 7 月開始到 2022 年 6 月之間，市場走跌了十二個月。利率調漲、量化緊縮、超級通貨膨脹、戰爭、景氣衰退等，各種利空消息籠罩著市場，經常能聽見「景氣進入衰退期」的說法。據說市場長期停留在熊市的話，想要透過投資股票賺錢就不是一件簡單的事情。但現在我們已經習慣熊市了。如果節目上提到市場會反彈，或是低價買進的言論，就會大量出現負面的留言。已經熟悉熊市的投資者們，想法正在改變，他們認為買進並持有股票最後只會面臨虧損，應該要抓準時機進行短期交易，長期持有的話最後只會虧錢。買股票這件事情，最後變成了一件不舒服的事情。比起賺錢或賠錢，光是投資股票這件事情，就會造成心理上的不舒服。

2022年1月，KOSPI市場崩跌，這是因為在美國升息的利空消息下，LG新能源這家總市值排行第二的企業上市，使得供需扭曲。當1月韓國市場崩跌的時候，美國市場僅出現小幅下跌，維持著強勢的基調。自2008年以來，十多年來一直強勢上漲，引領著市場的Facebook、蘋果、亞馬遜、Google、Netflix、微軟等企業，依然穩健。投資人又再次輕鬆接受到了自己熟悉的事物。大家都說韓國市場是「不行的市場」，只有「美國市場才是正確解答」，投資人把韓國的股票賣出，買進了自己再熟悉不過的總市值排行前幾名的科技巨擘股。由於這些股票強勢了十幾年，所以沒有必要懷疑，也沒打算懷疑，他們便一如往常地買進了股票。但後來Netflix在相對高點跌幅高達70%，Facebook、特斯拉、亞馬遜也都面臨崩跌。於是，放心轉變成了著急，要應對自己熟悉的事物發生變化，並不那麼容易。

投資人們不慌不忙地買進三星電子與現代汽車，由於他們對於KOSDAQ的股票或其他中小型股不熟悉，所以感到不方便。其實KOSPI的大型股或KOSDAQ的中小型股，一旦轉跌的話就很容易下跌20～30%左右，並不會因為是大型股，所以跌幅就比較小，這只不過是大家的「以為」。反過來說，熟悉利用KOSDAQ的波動性進行交易的投資人，反而會排斥投資大型股，因為他們覺得大型股的報酬率不高，但是 2021 年 LG Innotek 卻在短時間內，上漲超過 100%。當大型股暴漲的時候，我們會形容他「走勢好像小型股」。其實這世界打從一開始就沒有所謂的「本來」。本來大型股的波動性就比較低，中小型股的波動性就比較高，把這種思維套用在個股上是不正確的。把時間拉長，從長期的觀點來說，大型成長股的價格波動性遠高於中小型股，中小型股只不過是短期波動性較大而已。

股票市場總是不斷在變化，所以我們要按照每個時期的狀況，做出相對應的判斷。在不斷推陳出新、不斷改變的市場上，如果抱持著「本來就是」這樣的態度進行圖表或行情分析，就很容易陷入誤判。股市之所以困難又有趣的原因，就在於它總是從熟悉的事情開始發生變化，折磨著投資人。難以從熟悉的事物上脫身的投資人，往往會不斷受到市場的折磨。當投資人感到過於自然和舒適的時候，應該就要意會到不舒適即將來臨。當我們一旦熟悉，市場就會馬上讓我們感到不適。

暴跌後才懂得回顧

● ● ●

股票市場過去數十年來，在市場風險與慎重的投資策略上，給投資人們帶來了深刻的教訓。大部分的風險都反覆上演著我們過去的經歷，遺憾的是，投資人每次都還是因為不知如何是好而徬徨失措。隨著在正常市場上被視為理所當然的「共識」被打破，在暴跌的市場上，這段時間的所有一切都不再正常，我們開始改變主張要讓一切回歸正常。等到市場狂熱告一段落，回歸平靜的時期，我們才懂得回顧。

估值無法成為判斷市場高點和低點的指標。美國歷史上平均的本益比是 17 倍，但是 2021 年卻逼近 30 倍；在這個過程中，許多專家主張高估值會帶來泡沫化，但市場卻如同嘲諷著他們似的，持續走揚。

反之，進入 2022 年 1 月之後，崩跌的市場直到四月底本益比才回跌到 17 倍。但是此時市場已經在說著大局已進入走跌的局面，並且警告著還會有進一步的下跌。當估值低於或高於歷史均值的時候，我們雖然會公布高低點相關的分析報告，但這些都不是實戰投資上的進場或出場時機。想要在低成長區間裡調降估值，在高成長區間內提升估值，這件事也必須基於在市場參與者們已經形成共識的情況之上。在這份攻勢被打破的轉捩點上，沒有任何事情可以被稱之為正常。

這世界上本來就不存在「本來」，只不過是我們都把它視為理所當然而已。市場的崩跌讓我們知道，估值跟股價本來就沒有絕對的連帶關係。

受惠於傾斜和偏誤的股票或基金，在這種情況下的下跌最為慘烈。由凱西・伍德（Cathie Wood）所帶領的方舟投資，旗下的旗艦基金「ARK 創新 ETF」（ARKK），在 2020 年新冠肺炎爆發後，以 153%的報酬率位居第一，但是在 2022 年市場崩跌的期間裡，瞬間下跌了一半以上，還發生追繳保證金（Margin Call）的情況，成為助長成長型科技股下跌的供需因素之一。最受全球矚目的平台事業，股價也大都下跌了 50%以上。

就好比流行一樣，由群眾聚集且創造出泡沫的地方，後續必定會迎來泡沫化。即便我們記得歷史上泡沫的形成與崩潰，但是市場上仍然總是重新製造著泡沫，而投資人們就好像得了失憶症一般，為之瘋狂。在這個過程中，會出現賺大錢的少數投資人，以及虧大錢的多數投資人。一部分的主力在市場上製造題材和迷因，藉此引發熱潮，而他們早就在市場之外伺機而動。後期參與的大部分投資人，只能抱著虧損的股票，對於市場與自己的行為「發火」，懊悔不已。

由此可知，「價值股是長期投資的正確解答」並不是一個絕對正確的投資方法。「投資股票就是要買入並長期持有績優股」——在市場處於牛市的幾年來，這句話被認為是正解，因為股價隨著市場走揚而共同上漲，所以長期持有的投資人報酬率非常之高。就算股票走跌，投資人也會買進股票，堅信股價會再度上漲。但如果當市場轉為熊市，投資人就會開始懷疑，當股價下跌30%以上，人們又開始改變，認為「股票絕對不能長期持有」，就好似忘卻了「股票投資本來就沒有正確解答」一般。在牛市裡受到歡迎的投資理論和題材，在市場開始走跌的時候，就會淪為「這不是唯一的解答」、「這不過是一時的流行」。不論是長期投資還是短線交易，我們都只是按照著自己的投資風格進行投資，但很多投資人卻認為，某些時期採用長期投資、某些時期採用短線交易才是正確的投資方法。

市場雖然不會反覆上演著歷史，但趨勢卻是反覆的。1998年亞洲金融風暴、2008年美國次貸危機、2012年歐債危機、2020年全球疫情危機等，雖然原因和地區稍有變化，但是發展趨勢卻很類似。2022年市場表面上擔心的危機是經濟衰退，關於在哪一個大陸、在哪一個國家、哪個事件會引發這件事，仍然是眾說紛紜。但是股市不斷在反覆經驗類似的週期和危機，大多數意見都認為，這一次我們也必須先經歷過危機，觸碰到低點後才會轉揚。

在新冠大爆發之前，債券危機才是這十幾年來資本市場所擔心的未來危機。2008年各國所發行的鉅額債券都尚未回收的情況下，我們又再度因為新冠肺炎大流行而發行更鉅額的債券，投入大量資金進入市場。日本也因為毫無止盡的金融緩和政策，使得日幣價值仍然在崩跌之中；美國聯準會賣出債券，也使得全球股票市場走跌，現在是各國政策能否穩定這種變動性危機的重要時期。

雖然個別企業的業績，仍然是投資判斷的主要標準，但是正有如所謂的「有市場才有股票」這句話一樣，企業無法戰勝市場行情。管理著鉅額資金的長期投資的高手，在崩跌的市場裡投資著未來業績發展良好的企業，而大部分的散戶即使從理性上都認同他們是正確的，但散戶們仍然無法實踐，反而忙著拋售股票。

在熊市裡，就算是業績表現良好、未來利潤確定將有所增長的股票，也會連帶被市場影響，股價因而下跌。在這種情況下，使得「股價下跌與業績毫無相關的短期不正常現象，成了整體的投資邏輯」。但是在投資的過程中，我們不論何時都不能忘記，要以判斷行情、選擇領導產業、判斷領頭股、依照股價高低與供需來選擇交易方法。

即便市場走跌，依然會有許多針對個別企業利潤增長展望的分析報告持續推出，當然，不僅投資者們不屑一顧，市場供需也不會對此做出反應。處於熊市的時候，利多總會被埋沒；處於牛市的時候，利空也總會被埋沒。市場在崩跌的期間，股價並無法如同往常一樣，反映出利多或良好的業績表現。長期投資的供需與群眾心理不同調，仍然在持續買進，但大部分的投資者會對熊市裡更吸睛的利空消息反應敏感。

我認為這一次的狀況也不會有所例外。不久的將來，投資人們將會回顧自己在2022年上半季的狀況，復盤著自己的行為，試著想想屆時的自己，會怎麼看待你自己現在的判斷吧。

Chapter 4

價值分析的心態

「股價便宜或昂貴」是群眾心理的產物

● ● ●

股票「便宜」或「昂貴」由人們的邏輯所決定。一般來說，價格（P）是由每股盈餘（EPS）乘以本益比（PER）所得的值。每股盈餘是企業的獲利除以股票總數所取得的客觀結果，但本益比則是用來判斷每股盈餘的幾倍才是合理的股價，這是群眾的認知，也是可改變（隨時隨地都可以不遵從）的共同感受。市場行情表現良好，股價正在走揚的時候，本益比十倍被認為偏低，也就是便宜。但是當行情不佳，股價正在走跌的時候，十倍卻被認為是昂貴。股價上漲時期被評價為「便宜」的標準，以及股價下跌時期被評為「便宜」的標準，會因為投資人們的共同認知而改變。所以說，我們經常可見，當人人都認為股價昂貴的時候，股價反而更進一步上漲，當大家都說股價便宜的時候，股價卻進一步走跌。也就是說，股價貴或便宜，並無法成為買進或賣出的良好指標。所以說，當大多數的群眾產生共鳴的某個時間點，才會形成交易的時機點，也就是說，了解群眾的心理狀態非常重要。

當市場行情表現不佳，「便宜的股票」有時會變多。不管便宜的標準是估值、技術分析，或是供需因素，我們經常會說「便宜的股票變多了，我想買的股票也變多了」。我們只要估算 KOSPI 底下的企業利潤總和，再乘以合理的本益比，就可以計算出 KOSPI 的總市值以及合理的指數。當股價跌破合理指數，市場開始下跌的時候，股市就會進入低估區間，此時就應該買進股票。但是我們卻往往會遇到，在低於預估的合理股價區間買進股票，爾後股價卻大幅下跌的情況，這種情形更是經常發生在個股上。

所謂的估值，也就是人們的心理。倘若幾乎所有市場的參與者都認為目前的估值很便宜，那麼股價很可能會從這個點開始反彈。然而，並非所有市場參與者的心態（判斷）都一樣，這也不是哪個人有強烈的觀點，就可以被決定的事情。就算群眾認為目前的股價已經進入便宜區間好一陣子了，但只要群眾沒有買進的信心，心理估值就不算便宜。當群眾心理在某個瞬間達成共識並進入市場，這個瞬間就會伴隨著強勁的交易量與上漲。所以說，在技術分析的時候，當原本走跌的股價在某一天出現大量交易與大幅上漲，就會被判斷為是低點的信號（《韓國最強法人交易員的獲利關鍵》中的進場第三原則）。

由於我們無法確認群眾心理是否走到了低點，所以當市場行情不好的時候，專家們就會異口同聲的說「等待低點確認之後再投資」。但是當低點確定的時候，許多投資人早已進入市場，個股的股價也一定上漲了許多，在這個時間點參與買進，反而又會擔心出現短期套利的賣壓。結果在低檔無法買進，也無法追高，就只能眼睜睜盯著股票上漲。由於判斷進場的時間太晚而錯失機會，雖然想要便宜買進股票，但又害怕股價進一步下跌。能夠在最低點以最便宜的價格買進，很可能只是「神蹟」或「好運」而已。許多專家都建議，當股價進入自己認為的便宜區間時，就應該「分批進場」。因為我們無法猜中低點，所以在認為股價處於低點區間的時候分批進場，然後「買進並持有」（Buy And Holding），最終仍然可以獲利。沒有人知道低點在哪裡，但是我們能夠透過成交量和股價的走勢，知道群眾進場的時間點，依循這個信號做投資，就是交易的技術。

若要判斷哪裡是低檔，確認估值很重要，如果不想破壞群眾心理，估值就不能被破壞。未來價值的估算，幾乎是所有價值評估的基礎資料。我們必須要對未來的預估收益有信心，可惜的是我們缺乏這樣的信心。當市場行情良好的時候，我們會追蹤分析師的分析資料；但是當行情轉壞的時候，我們又不相信他們的資料了。實際上，許多資料都會在行情良好的時候更好，在不好的時候更不好；原因在於未來利益的估算，是基於目前狀況所進行的趨勢判斷。如果未來利益難以預估的時候，我們就必須去思考世界的變化，與世界的變化聯動，判斷正在成長的產業，並專注在這個產業的領頭企業之上。在行情走跌的時候，若機構、外資等投資人沒有賣出股票，或反而選擇買進的股票，就可以被視為是未來利益增長、值得期待的股票。在行情處於下跌趨勢時，股價跌幅較小或是能夠支撐股價的企業，必有原因，這種股票在行情穩定的時候，就會快速上漲。

沒有任何人能猜中市場的高點與低點。即便某位專家或投資大師說「來！這裡就是低點了，從今天開始可以進場了」，這個地方也不可能是低點。股價的低點與高點都一樣，認為股價在這個價格左右算便宜或是昂貴，都只不過是主觀的個人意見而已。要判斷股價便不便宜，就要看帶來強勁買勢的那雙「看不見的手」，也就是所謂的「群眾的共同心理」。

名牌包、名牌鞋與名牌股

經濟學家費爾・比隆曾說：「經濟價值的概念很簡單，每個人都想要的東西，就有價值，至於原因並不重要，只要想要的人愈多，稀缺性愈高，價值就愈高。」

最近有新聞指出，香奈兒「Open Run」的熱潮正在減弱，甚至有人形容香奈兒「連我家鄰居姊姊都在背」，隨著稀缺性下滑，精品族的關注度也正在下降。精品的售價比自身的材料、設計等價值更高，不是所有人都能使用的稀缺性，讓精品被認為擁有更高昂的價值，因為這些人認為，必須至少擁有一個昂貴的名牌包，擁有它就能提升自我價值。就像是我們在電視劇裡看到的一樣，名牌包或名牌鞋陳列在家裡，光用看的就令人心滿意足，這種心情就好比在重要的會議上，從口袋掏出一支萬寶龍鋼筆做筆記一般。

同樣地，如果不是包包或鞋子，而是蒐集一些光是擁有就令人感到滿足的股票，聽起來感覺如何？微軟、蘋果、特斯拉、三星電子在過去已經上漲了數十甚至數百倍，積累著這類投資資產的投資人，他們除了在經濟層面上是有錢人以外，在精神層面上也會過著富足的生活。就好比想收藏名牌包跟名牌鞋的心態，只要一有機會就買進並持有名牌股，就是一種偌大的投資樂趣。

即便當下經濟價值不高，但能夠使我們成為心靈富翁的名牌股有哪些呢？就像是鞋子、包包和珠寶一樣，我們只要買具有稀缺性，而且其他人也想買的股票就可以了。如果是一檔過去所有人都想買的股票，但現在關注度已經下滑，那這就不是名牌股。一時流行，很快就煙消雲散的題材和迷因股，都不能稱之為名牌股。已經成為名牌股的股票，價格都很高。當我們購買昂貴的名牌時，要先透過其他經濟活動賺取資金，但是投資名牌股不一樣，投資名牌股雖然在現階段看來微不足道，但我們卻是投資了一檔在未來會擁有稀缺性的股票。在股票市場裡，稀缺性指的就是企業持有的經濟護城河。

以下引用自派特・多爾西（pat dorsey）的著作《護城河投資優勢》（*The Little Book that Builds Wealth*）。我們應該投資並持有擁有經濟護城河的企業。一家企業成長的關鍵是該公司獨特的價值創造能力。護城河是為了防止敵人入侵，沿著城牆所挖掘的水池。經濟護城河則意指可以保護公司免於競爭對手威脅的進入壁壘和穩固的競爭優勢。若要成為名牌股票，就算時間長久流逝，股票的價值也不受貶損。只有能夠長期經營，持續創造經濟利益的企業，才可以成為名牌股。而曾經人氣火爆、股價飆漲但最後仍消失的股票，是因為沒有經濟護城河；就好比短暫受到歡迎的沙堡一般，而大部分的迷因股都屬於這類股票。迷因股不是名牌，而更像是追隨流行的時尚。

擁有經濟護城河的公司，就算市場行情出現短暫困境，它的恢復速度不僅快速，而且還能為大幅成長打下基礎。短期的利潤增加，或因為特定人士的能力所帶來的結果，都不能算是護城河。無形的護城河，包含受歡迎的產品、高市占率、高經營效率、優秀的管理團隊……等。這些因素對於提高企業競爭力來說非常重要，但是短暫流行的人氣商品，等到退流行後就無法再為企業利益帶來太大的貢獻。從歷史上來看，市場占有率總是會因為後來崛起的競爭公司而變化，所以重點不只是高市占率，而是「為什麼擁有高市占率」，這才是所謂的護城河。企業的經營效率或優秀的管理團隊，隨時都有可能因應產業變遷與調整企業結構而改變。科技公司的新技術或新產品，雖然可以帶來短暫的高收益，但若出現更先進的技術，生產現有產品的企業必然會遭到淘汰。

真正的經濟護城河指的是競爭者無法跟上的無形資產、轉換成本、網絡效應、成本優勢……等。不單單只是人氣品牌，而是消費者即便要支付更多金錢也願意購買，具有競爭優勢的品牌。除此之外，當顧客想要使用競爭對手的產品或服務時，轉換成本也必須夠高。這些都不僅限於金錢方面，還涵蓋了顧客忠誠度等心理因素。忠誠的顧客愈多，企業就能利用網絡效應創造出更多利益。訊息共享、用戶互通，可以成為企業強大的競爭力。與競爭企業相比，可以用低廉的價格製造產品與提供服務，擁有上游資源也算是一種護城河。

聽著經濟護城河的概念，我們腦海裡應該都會浮現一些企業，例如可口可樂、蘋果、微軟、亞馬遜、特斯拉等。使用 Galaxy 手機的人雖然會換成 iPhone，但我們卻鮮少看見 iPhone 的使用者換成使用 Galaxy。喜歡喝可口可樂的人，無法接受其他所有模仿出來的可樂。發燒或頭痛的時候，人們總是會到藥局，不自覺地購買乙醯胺酚（俗稱普拿疼）。生技業中，有些公司擁有原創技術，雖然初期研發成本高，但研發成功後卻能獲得鉅額利益。

就好比在這千變萬化的世界上，沒有永遠的勝利者一樣，擁有強大經濟護城河的企業，也必須不斷接受挑戰。所以企業應該要更加注重技術發展，找出並消除會對護城河造成威脅的因素。透過護城河所賺取的收益，要被用來發掘新的護城河，或是鞏固既有的護城河。巴菲特集中投資並長期持有擁有經濟護城河的企業，這才可以稱得上是真正的名牌。並不是所有企業都擁有經濟護城河，所以才具有稀缺性。就像是稀缺性具有價值一樣，擁有其他企業無法擁有的護城河，這才是價值。不要在意眼前的股價動向和其他人的看法，而是要在全球無數檔股票之中，找出真正的名牌股。

我們常說「與其擁有一堆雜七雜八的包包或衣服，更重要的是擁有一套值得的」，股票也是如此。就算只有一檔股票，但只要投資並長期持有名牌股，就可以帶領我們踏上股票投資的成功之路。

企業分析撰寫者的心態

● ● ●

2022 年 11 月，市場連續走跌五個月後，股價開始出現反彈的情緒。讓我們回頭看看當時證券公司發表的股票報告，跟著這些文字思考撰寫者的心態吧。

首先，我們來看一下正向的分析報告標題吧。

三星生物製藥：在全球生物委託生產和研發第一的名聲（KB）、不競爭只領先（新韓）

LG Innotek：業績良好，被低估（大信）、華麗的業績，寒酸的股價（DB）

HYBE：不斷創新（IBK）、拋棄舊觀點的時機（NH）

起亞：有就全賣掉（新韓）

三星電氣：這樣的業績前所未見（DB）、利益的量與值，有史以來最高（培育）

AfreecaTV：居高不下，平台與廣告都很好（教保）

KH Vatec：罕見的成長股（韓投）

Interojo：業績創歷史新高，明年表現會更好！（元大）

Remed：期望成真，股價大漲（元大）

Innox 尖端材料：驚喜不斷（培育）

SM 娛樂：今年很好，明年會更好（培育）

Studio Dragon：業績持平（CAPE）

現代尾浦造船：不合理的被低估（新韓）

松原產業：史上最高業績，持續暢旺 2 ～ 3 年（韓華）

JS Corporation：驚人的報酬率，更驚人的低估（大信）

負面報告的標題如下：

現代摩比斯：需要解決結構性壓力（新韓）

韓華解決方案：主要業務穩健，只待旗下的韓華 Qcells 復甦（新韓）

三星 SDS：需要新的成長動能（三星）

DIO：利用領先投資取得投資利益的共識下滑（三星）

SoluM：比起已知的利空，更該關注於改善體質（DS）

東亞 ST：業績不錯但魅力仍不足（三星）

Hanall Biopharma：糾結的線團正解開（新韓）

現代 WIA：方向有效，但速度緩慢（KTB）

DL：等待的時間（教保）

愛茉莉太平洋：很難抱以期待（Meritz）、難以指望中國的需求（元大、KB、IBK）

新羅酒店：不簡單的市場環境（Shin Yong）、競爭加劇（元大）

現代樂鐵：利益還不足以證明股價合理（新韓）

華勝企業：有點慢，但正在改善（大信）

Handsome：擴大內需是關鍵（大信）

浦鋼控股：穩定的業績 VS. 想確認的產業情況（SK）

GC Biopharma：創季度最高業績，但目標價下調13%（KTB）

LG 生活健康：不如預期（教保）、守住利益、銷售額下滑（元大）

Douzone Bizon：逐步成長，新事業需要被看見（三星）

每天都會有數十篇企業分析報告發表，如果這些公司都按照報告裡的內容成長，根據這些目標價波動，那麼投資股票就不需要多餘的煩惱，只要跟著報告投資就行了。分析報告跟股價如果可以緊密聯動當然很好，但多數情況下，並非如此。投資人有自己應盡的義務，由於我們無法直接做企業探訪，不能確認企業的成長，所以我們必須閱讀分析報告，了解日後的展望。就好比在無數的股票中，選擇一檔要買進的股票一樣，我們必須閱讀無數的分析報告並做出選擇。閱讀分析報告的時候，讀懂每個字裡行間裡撰寫者的意圖，這件事的重要性並不亞於企業探訪。

正向的分析報告的特徵是會出現許多「業績良好」、「低估」、「快速成長」、「可持續性」等單字，或是一些果斷又有趣的表現方式，這些代表著自信與良好的情況。分析師的自信對於機構投資人來說不僅有作用，而且還會引起買進，並反映在股價上。

反之，負面的報告上，除了提到業績以外，大致上都會出現「等待」、「需要○○」、「可惜」、「防守」、「確認」、「速度緩慢」、「相信」等文字。統整下來就是「現在表現雖然不佳，但可以等待」、「如果有○○，就會轉好」、「相信吧」等形式，就算是探訪後判斷不佳，也不會寫出「不好」或是「建議賣出」這類的話。所以說，大部分的意見都是要投資人把目光望向未來，目前先試著等待。而持有該檔股票的投資人，就會產生「以後可能會轉好，懷抱著希望吧」的心態。但是股價並不會止跌，而是會繼續下跌，看著下跌的股價，投資人會開始對分析報告產生懷疑。如果股價仍然持續走跌，投資人就會埋怨分析師，並賣出股票。然而選擇在我，投資也在我，我們應該要自行閱讀投資報告裡字裡行間透露的訊息，並作判斷。

分析報告的尾端，總是都會寫著一行警告文——「本報告僅為投資參考，並已取得相關規範認可，實際投資行為需由本人負責」。

抓準時機發表的分析報告

企業分析報告通常選在股價上漲時發表。大部分的分析報告，會在行情表現良好的時候大量出現，然而在行情蕭條時期隨之減少。如果某檔股票的價格飆漲，各家證券公司會爭先恐後地針對未來願景發表樂觀的報告。如果價格上漲，目標股價就會持續變動。當樂觀的意見維持了一段時間，股價觸碰到高點開始轉跌，此時，就會有分析報告開始比較短期下跌的股價和企業價值。當股價從高點跌破30%以上，分析報告發表的次數就會開始減少。如果股價又進一步下跌，開始被市場冷落，相關的分析報告就會幾乎銷聲匿跡。

就像流行一般，企業的分析報告也會隨著股價的波動而出現。特別是當大型股因為行情或產業循環進入上漲區間時，分析報告就會爭相發表。即便是股價表現不佳，產業分析師仍然會持續探訪企業。不論股價好壞，企業的價值都不會突然發生劇變，企業分析負責人會持續探訪，撰寫資料。由於每當股價上漲，看好未來前景的分析報告就會紛紛發表，所以有部分投資人認為「當推薦報告出來，就代表現在是出場時機」。這就好比有些扭曲的意見認為，分析報告會創造出需求，然而提前進場的機構或部分投資人卻早在等著拋售，但這種想法極可能是誤解，因為韓國擁有非常嚴格的「禁止先行交易」的制度。

唯有股價上漲，企業才能有好的前景，所以負責人都有自己的苦衷。舉例來說，倘若 A 企業因市場行情或產業景氣衰退，導致股價大幅下跌，企業價值的變化也不會太大。儘管如此，分析師想要發表一篇分析報告，指出「雖然目前狀況不佳，但只要產業循環出現逆轉，股價就會轉好」，就很不容易。原因在於當分析報告公開後，如果長時間內股價沒有波動，或是反而走跌的話，分析師就得花好一段時間為投資人解惑。企業分析報告書的用途並非預測股價，而是如實傳達企業成長的現況和前景，但是投資人卻會在前景和股價動向不同調的時候，表達不滿與控訴。

最終，撰寫報告的人仍然不得不考慮市場狀況與股價動向。當股價開始上漲的時候，他們就會拿出平時已經準備好的分析資料，對該企業表示贊同。能夠準確預估市場行情、企業前景和股價走勢能夠保持同調的分析師，年薪非常高。當半導體行情表現良好的時候，半導體分析師的年薪就比較高；當製藥生技行情良好的時候，該產業的分析師年薪就較高。多年來，如果訂單表現不佳，負責內需的分析師就會被冷落。唯有自己負責的產業行情表現良好，企業股價走高，年薪才會更高，也才可以發表更多資料。

出現在節目上，推薦著行情或股票的專家，這種情況更是嚴重。我們試著想像一下，當我們在證券節目或是 YouTube 上說著「現在新技術已經被開發出來了，等之後新產品推出，這家公司就可以實現利益增長」，但如果這個時候我們說出「技術要實現需要耗費三年，到產品商用化預估需要五年，請各位從現在開始花五到十年的時間投資吧」，應該所有投資人都會不予以理睬吧。證券節目上討論的股票，幾乎大部分都是目前正在上漲的股票，這就是它的局限性；與其說專家們「資質有限」，應該說這是股票市場上，現實的局限性吧。如果短線交易專家在節目上說「我們一起利用動能來投機吧」，往往都會被罵。但其實幾乎大部分的投資人，都在利用短期動能做交易，也就是說他們都在投機，但是他們就是不喜歡投機這個詞彙的負面感受。反之，當提出要長期投資一家企業的時候，他們就會答應。但即便如此，如果從現在開始投資，需要花費五年以上，而且不可以執著於股價動向，能做的只有等待的話，他們依然不願意買單。

無視大眾利害關係的分析報告，不可能存在，分析師必須根據股價的動向，抓準分析報告的時機點。當我們在考慮這些專家的心態時，就得以從中獲得幾個有意義又實用的小祕訣。在財經節目上，最多專家、最常被提及的股票，就是現在的強勢股。就算是聽都沒聽過的股票，只要被提到，該檔股票的價格就會開始上漲，或者是該企業的利益增長將會發生某種重要的變化。幾乎所有專家都在高喊買進的股票，由於所有人都想買進，所以會非常靠近高點。也就是說，一旦開始出現語氣比較強硬的分析資料，股價就會快速波動。我們可以經由分析師、專家分析報告公開的時機與字句，了解該檔股票目前的狀況。

價值分析指標
令人不適的真相

● ● ●

ROE（股東權益報酬率）、EPS（每股盈餘）、BPS（每股淨值）、PER（本益比）、PBR（股價淨值比）是最基本的價值分析指標。為了幫助我們更準確判斷未來的企業價值，我們還會使用 EV/EBITDA（企業價值倍數）、PRD（市夢率）、PSR（市銷率）、PEG（本益成長比）等指標，但其中最基本的就是 PER 和 PBR。

PER（本益比）是把特定股票的每股市價除以每股盈餘，象徵著當前股價是每股目前價值的幾倍；假設某家企業當前股價是 10,000 韓元，而每股盈餘是 1,000 韓元的話，PER 就是十倍。高 PER 代表相較於利潤，股價交易價格較高；低 PER 則表示相較於利潤，股價交易價格比較便宜。如果在相同產業底下，PER 相對較低的話，就會被認為是股價較為便宜；以國家來說，如果 PER 低於其他國家的話，分析上會認為該國家相對被低估。計算 PER 之前，最重要的是計算每股盈餘。每股盈餘是把當期淨利除以股票總數計算而得的數值，每股盈餘高代表經營業績良好，每股盈餘愈高，PER 就愈低。

PBR（股價淨值比）是把特定股票的每股市價除以每股淨值，代表著股價是每股淨值的幾倍。假設某家企業目前股價是 10,000 韓元，每股淨值也是 10,000 韓元的話，股價淨值比就是 1。假如每股淨值是 20,000 韓元，股價淨值比就是 0.5 倍；如果每股淨值是 5,000 韓元的話，股價淨值比就是 2 倍。

股價淨值比若高於 1，表示目前股價高於資產價值；如果股價淨值比低於 1，表示目前股價低於資產價值。這裡我們使用到「淨值」一詞，所謂的淨值是企業清算的時候，需要分配給股東的資金，是從資產負債表的資產上扣除負債所得的值。依照資產評估方式和資產質量，淨值的計算可能存在許多偏差，但這裡，我們就只簡單用總資產扣除總負債來解釋。

傳統上要解釋股價的時候，最基本的就是看本益比與股價淨值比，也就是利用當前股價與每股盈餘和每股淨值的比較，來判斷股票被高估或低估。投資股價低於盈餘或淨值的股票，等到股價收斂在企業價值的時候，就可以從中獲利。證券公司也會定期選出低本益比和低股價淨值比的股票。但假如只要單純投資分析師提出的低估股就可以獲利，那麼股票投資就會變得過於簡單明瞭。然而，在實戰投資裡，其實卻隱藏著不同於理論且令人感到不適的真相。

首先，市場上確實有著偏好低本益比股票的時期。在市場流動性豐沛並走揚的時期，我們必須要投資整體市場或是強勢產業中，低於平均本益比，也就是低本益比的股票。舉例來說，半導體產業的股票在大幅上漲的期間，整個產業都是以本益比十倍的區間在進行交易，但同一產業內，如果有某檔股票在本益比七倍的區間內交易，我們就會打算買進。

如果本益比可以成為絕對的標準，那麼我們就只要純粹尋找低本益比的股票投資就行了。但是在實戰投資上，本益比的估值卻像橡皮筋一般彈性變動很大。韓國 KOSPI 指數的本益比估值就是最具代表性的案例。當美國等主要市場上漲，KOSPI 也連帶上漲的時候，相較於其他國家，韓國就是被低估的國家。2021 年美國市場本益比 26 倍的時候，KOSPI 只有 12 倍，相對被低估。然而當國際行情轉壞的時候，由於韓國的地理風險與低 ROE（股東權益報酬率），所以相對適用於較低的本益比。當市場快速下跌，本益比低於數十年均值的時候，就應該視為進場時機，但是這個觀點也建立在韓國適用於低本益比的理論之上。新冠肺炎大流行之後，龐大的流動性把美國市場的本益比推向 26 倍，當時華爾街表示，目前的本益比還不算高，後續還會有更大幅度的成長。但是 2022 上半年，本益比開始下滑，雖然一路跌至 17 倍，但是大部分的分析師依然認為股價被高估，警告著市場日後還可能再走跌。

2000 年網際網路泡沫化時期，科技股的本益比超出 100 倍，即便已經過度高估，還是有許多專家表示從成長性來看，這樣的本益比並不高；然而不久後，市場就崩盤了。2015 年生技股掀起熱潮的時期，製藥、生技股的本益比也高達 50 ～ 100 倍，人們說製藥、生技產業是未來會成長的企業，所以本益比 30 倍是基本盤。2016 年過後，生技股崩跌時期，股價跌了一半以上，本益比也跌到了 30 倍以下，但是大部分的投資者卻認為生技股依然過度被高估，股價還不算便宜。

合理的本益比會根據市場和產業的狀況，如同橡皮筋一般發生變化。特別是不同產業之間的本益比不能拿來相比較，汽車產業、科技業、食品業、電動汽車產業之間的本益比不可能相同。大部分情況下，汽車產業的本益比落在 6 ～ 7 倍，但是汽車產業景氣轉好，成為市場領導股的時候，汽車公司和零件公司的合理股價會分別上升至 10 倍和 12 ～ 15 倍。2017 年，科技產業引導大盤大漲時，產業本益比高達 10 倍以上，甚至有分析報告將業績激增的部分科技公司股票本益比設定在 15 ～ 20 倍以上，使得股價連日飆漲。當產業景氣轉好且企業狀況轉好，收益增加的區間裡，高股價的本益比也會變高。

相較於第三產業，隸屬於第四產業並擁有新技術的企業，理所當然會被賦予更高的本益比。只不過，美國是 26 倍、韓國是 11 倍，這些數字究竟是由誰定義的呢？半導體是 12 倍、紡織服飾 10 倍、汽車 7 倍，又是由誰定義的呢？其實這些都不是約定俗成，因為不需要遵守，所以隨時都可能變化。這些是根據當下以及當時的狀況，由市場與參與市場的群眾所決定。如果投資人本身或是分析師恣意決定了這項數值，而且對此堅持己見，那麼只要稍有不慎，就很可能會成為失敗的主要原因。

盲目要求投資低本益比的股票理論，成為了陳腔濫調的主張。股票市場投資的是企業的未來價值。高成長性會以高本益比的型態形成當前股價，高本益比並不代表股票被高估，而是反映出股票未來的高成長性，也反映出了「群眾的共識」，表示大家都認為這家公司未來會有更高額的利益價值增長。反之，本益比非常低的股票，表示該公司不只是現在，未來的價值增長也不高。股票要投資的是成長的企業，以及未來的價值，即便本益比較高，只要是能夠合理轉換成高利益增長的企業，就值得成為投資標的，其中最具代表性的企業就是特斯拉與蘋果。如果是利益增長高於本益比的企業，我們應該就要投資，也就是說，我們應該投資高本益成長比（PEG）的企業。反過來說，把利益增長停滯的企業視為低本益比而進行投資，是一種錯誤的方式。股票市場會反映出群眾的判斷，雖然有時候會出現瞬間的扭曲，但最終市場依然是明智的。高本益比股和低本益比股，都一定有它的成因。

市場上也有以股價淨值比（PBR）為標準進行投資的時期，由於是以企業的資產價值為判斷的基準，所以企業的當前價值比未來增長更重要。當景氣不佳，國家、產業、企業的成長不如預期時，由於重大危機引發企業信用危機，使得違約或破產風險大增時，就會用股價淨值比來評估。以極端的案例來說，1997 年外匯危機之際，韓國的多數企業都陷入了破產的危機，許多企業因為破產而遭到下市，更多的企業選擇申請債務和解，成為管制股。在這種情況下，投資人會聚焦在企業清算之上，關注企業賣掉總資產再扣除總負債之後，會剩下多少錢。假如資產價值龐大，就算公司遭下市，只要每股淨值的價值高於目前交易的價值，對於投資人來說，清算反而是件好事。事實上，即便不是危急狀況，企業主動申請下市，以高於目前價值的價格分配給股東的情況也很常見。

當目前的實質價值比未來增長更重要的時候，股價淨值比就會成為有用的指標。景氣不佳時，被市場冷落的低股價淨值比股票就會受到關注。2015 年觸碰到高點的「高本益比成長股」在 2016 年開始走跌，而所謂的「低股價淨值比價值股」則是從這個時間點開始強勢上漲。當時美國開始升息，成長股走跌，價值股走揚。2022 年 1 月，相同的情況又再度上演。由於美國預計將於 3 月開始升息，被稱為「科技巨擘」的成長股迅速崩跌，反之，煉油、造船、鋼鐵等傳統低股價淨值比的價值股開始上漲。價值股中也會有利益增長的價值股，所以用股價淨值比作解釋的時候，應該把價值股稱作為「資產價值股」，會更能明確區分。

大部分成長股上漲的時期，身為傳統設備產業且產業景氣不太好的造船、建設、汽車、鋼鐵等產業的股價淨值比，大多只有 0.4 ～ 0.6 倍左右，但就算企業以 0.5 倍被清算，也可以獲得比目前價值高出 2 倍的每股價值分配。購買估值低於資產價值的股票，也可以說是確保安全利潤不錯的投資方式。但就好比本益比是計算當前股價為企業利益價值的幾倍，採取的是主觀判斷一樣，股價淨值比在計算資產價值的時候，主觀因素也會扭曲合理性。

資產價格的計算方式、依照資產狀況形成的價格誤差，以及計算負債情況時的價值計算錯誤等，會因為計算的人不同而出現很大的差異，其中最具代表性的就是對無形資產的估價。到目前爲止，我們都還沒有明確的規則可以計算技術或專利權的價值，機械設備也是一樣。汽車工廠的生產線，在汽車工廠還存在的時候，雖然擁有高度的價值，但是清算之後，倘若同樣的地點要進駐啤酒工廠，那麼這些設備的價值就幾乎等於零。

暫且不說計算股價淨值比時，資產價值的計算可能存在許多錯誤，盲目投資低股價淨值比的股票也不明智。當投資一家有大量土地和房屋的企業，資產價值雖高，但投資主力產業萎靡不振，也沒有成長潛能的公司，就等同於是在等待這家公司被清算。擁有大規模設備的傳統產業，會持有大量的房地產，但即便如此，也不代表這家企業的股價會大幅上漲。資產價值保證的是穩定性，而成長價值等待的是未來的利益。總歸來說，投資本益比超過數十倍的成長股雖然危險，然而投資停滯不前的低本益比與低股價淨值比股也很危險。一家因爲研發新技術、新產品、新藥物，具有高未來成長潛力的企業，如果股價淨值比未滿一倍的話，就可以成為最佳的投資標的，但是在正常的市場上，不存在這種股票。

事實上，成長股高的不僅是本益比，連股價淨值比也很高。反過來說，股價淨值比低於 1，本益比也只落在 5 倍左右，明顯低於市場平均的 10 倍本益比時，幾乎可以說該企業已經停止成長了。投資這種股票的話，我們很難期待股價上漲所帶來的收益。本益比與股價淨值比這兩項指標，都會因為狀況和時間點而有所差異，與其說他們是絕對指標，更準確來說是相對指標。所以說，盲目遵從千篇一律的資料非常危險，它們必須根據情況靈活使用，才會成為有用的指標。

不相信研究中心報告的投資者

●　●　●

如果是讀過許多分析報告的投資者，就會對目標股價產生懷疑。因為我們經常遇到股價明明連日下跌，但分析報告卻提出大幅高於目前股價的目標價，或是目標價一直隨著股價上漲而持續上調的情況。

相反地，在股價下跌初期目標價維持不變，一直等到股價大幅崩跌才修正的情況也屢見不鮮。如果按照企業分析報告進行投資，報酬率會是多少呢？市場上總是有無數企業的分析報告湧入，但我們必須要先考慮投資人想逃避的心態，以及分析報告在現實方面的局限性。

一般企業分析報告的目標股價，會提出十二個月的預估值，也就是說從現在開始的十二個月內，只要有業務、有按照報告內容進行，做出業績，股價就會達到目標價。大型股不管有沒有增長，都會定期推出分析報告，但中小型股的分析報告數量卻相對較少，所以較有意義；假如某家公司日後的業績會衰退，或是可能不會有任何成長，分析師就不會撰寫分析報告。完成企業訪談之後，分析師之所以開始撰寫報告，是因為這家公司具有成長潛力。大部分報告的目標股價，都會明顯高於目前的股價。「有無正確分析企業的成長潛力」以及「企業有無根據報告的內容成長」，會決定透過報告進行投資的成敗。

領取高額年薪的分析師，可分為分析各家企業的團隊，以及分析匯率等宏觀環境的團隊。但這裡我們談的，僅限於分析各家企業的分析師。他們拜訪企業後所撰寫的報告，根本的目的是為了提供給機構投資人。分析師撰寫完報告之後，會透過研討會向經理人做說明。假如分析資料與現實吻合，企業的業績和股價按照預期波動，那麼這位分析師的身價就會上漲。負責該企業的分析師，應該比市場上的所有人都更了解這家公司。負責電氣與電子的分析師，許多都來自於三星電子或LG電子；負責製藥、生技的分析師，也很多都來自於相關產業的研究員。當然也有打從一開始就進入證券公司，從基層職員時期開始接受企業分析訓練的分析師。不管在哪一種情況下，每個人都有自己負責的產業，並且要以該產業內部的企業為主，集中分析。

分析師的清冊會以產業類別作區分，他們會像進出自家廚房一樣，長期拜訪並確認自己負責之產業底下的企業群。雖然投資人在某個層面會貶低他們，但是沒有任何相關人士可以比他們更了解這家企業，投資人們也應該認真閱讀他們的分析報告。

儘管如此，不相信分析師意見的投資人愈來愈多。甚至有投資人認為，「分析報告發表的那天，就是股價走跌的日子」。如果按照分析師的報告投資能夠取得好的結果，就不會產生當今這樣的不信任。所以說，為了明確認知分析報告的極限在哪，做出有效的應用，我們將要討論三個必須銘記在你腦海裡的問題。

第一個問題是時機。股價表現不佳的時候，分析師推薦的不是未來表現良好的企業，大多數的情況都是觀望著接下來可能會轉好的企業，等到股價開始上漲，供需開始增加的時候，才發表分析報告。分析師會藉由大量拜訪企業，挑選出好的公司，即便他們對這項選擇有自信，也要等到需求增加，股價上漲到一定程度之後，才會將分析報告提供給大多數的投資人，所以大部分的投資人，都必須等到股價上漲後才能接觸到推薦報告。另外一個時機的觀點是，企業分析資料是十二個月的預測，期間非常之長，在這當中股票市場會發生許多變數。當市場行情轉壞，股價很可能會暴跌，經過幾個月的時間，國內外的景氣變化，可能會使企業未來的成長潛力發生變質。雖然釋出十二個月的預估報告，但是根據需求或市場的狀況，股價也可能發生在短短一個月內超過目標股價的狀況。分析師的報告雖然沒有錯誤，但是股價的動向卻不相同，所以，負責企業分析的分析師經常說，有關市場狀態與投資時機的問題，是每個投資人自己應盡的責任。

第二個問題是市場狀況。證券公司裡都額外還有負責分析市場狀況的行情小組。負責企業分析的分析師，不會依照市場狀況分析企業的價值或提供投資時機。所以說，投資人雖然會分別閱讀市場狀況分析報告與企業分析報告，但兩者應該要放在一起分析。我們經常提到「基本面」和「情緒面」。一家公司不管再好，只要市場崩跌，股價也會隨之暴跌。假如該公司的產業景氣不佳，或是該公司所屬的產業出現賣壓，股價就會下跌，供需傾斜是經常會發生的情況。假如三星電子上漲，大部分的科技相關公司股價也會上漲。反之，製藥、生技產業的股價則經常在下跌；銀行或建設股上漲的時候，KOSDAQ 的中小型股就經常會走跌；假如出口股上漲，內需股就會出現賣壓而走跌。雖然世界各國都會發生傾斜現象和分化，但是韓國的傾斜現象特別嚴重。韓國市場的退休年金和外資比重較高，由於機構投資人的資金不足，所以會發生短期傾斜的現象。

第三個問題是分析報告內容被提前反映。當分析師推薦報告公布的時候，經常會發生出現賣壓、股價下跌的情況。市場上最諷刺的說法是，推薦報告公布的那天，就應該要賣掉股票。根據效率市場假說，現在與過去所有會對股價造成影響的資料，都必須被反映在股價上，所以說分析師們掌握的股價上漲資料，應該早已被反映在股價之上了。但是現實卻並非如此。如果分析師提出包含利多資料的分析報告，股價就會上漲，但若提出負面報告，股價就會下跌，所以投資人們都很努力在了解情報。正向分析報告發表的當天，股價的下跌，從理論上來說，雖然是資料的先行反映，但最後仍取決於供需問題。我所接觸到的資料，或者是我所看的分析報告，很可能是其他投資人早已知道的訊息，他們早已經買進並持有著股票。當我看到分析報告打算買進的當下，他們很可能會賣出套利。我們必須要認知到，流入市場的分析報告和所有資訊，都已經有很多投資人比我更先接觸到了。

為了有效利用分析報告，我們必須要先思考如何克服時

機、市場狀況和提前反應的問題。當分析報告釋出的時候，我們不能照單全收。雖然投資人自身努力探訪，了解分析報告的客觀性、可信度和真實性很重要，但實際上卻不容易實踐。我們不能只看標題和目標股價，必須要仔細閱讀利益增長的內容，也必須要瀏覽該企業的官方網站和財務報表。我們應該像這樣，透過分析報告事先選擇值得投資的股票，然後關注並更新自己的投資標的。我們要建立屬於自己的股票池，利用分析師的分析報告作為股票池的基礎資料。

投資股票的基本流程是先分析市場狀況，選出主導市場的產業或題材，再投資隸屬於該產業的領頭股。我們必須投資目前處於繁榮期的產業領頭股。市場的方向就是市場的狀況，但即便我們做完市場狀況的判斷後，股票投資還是總會碰上「要投資哪一檔股票才好」的問題。為了在機會來臨的時候，可以毫不猶豫快速下注，我們必須要時刻保有股票池，所以平常我們就應該要透過企業分析報告書建立股票池。

在自己的股票池裡，在每個產業和題材中選定幾檔股票，不管什麼時候，只要時機對了，就能投資那家公司。假如半導體產業循環進入繁榮期，半導體相關類股正在走揚，我們該做的不是當下才在找尋要投資哪檔股票，而是從自己的股票池中選擇已經決定好的股票進行投資。

隨著歲月流逝，領頭股也可能會有所更動，所以即便在沒有投資的時候，我們也必須要經由分析報告持續更新。準備好的投資人，只會聽聽別人言論，追蹤股價動向，絕對不會犯下錯誤，投資自己不了解的企業；他們不會在分析報告推出，股價飆漲的時候犯下失誤，盲目追高；在純粹只是需求下跌的時候，他們也不會賣出股票，並能夠加以等待；他們也不會買進產業景氣不佳的股票。分析報告應該被作為選股的基礎資料，而不是被用來當成交易的基礎資料。把分析報告當成是建立股票池的資料，實際投資則要等到市場狀況、產業景氣與需求使股價產生動能的時機點成形之際。

盈餘驚訝，盈餘衝擊

● ● ●

四月、七月、十月和一月是股票市場公開季度業績的時間點，這些月份都會周期性發生大幅變動。三月、六月、九月、十二月的第二個禮拜四，由於期貨和選擇權會進行期滿結算，所以從每個季度的尾聲開始，每檔股票都會隨著市場的變動，發生差異性的行情走勢。當全球景氣循環復甦的時候，大部分的公司業績都會轉好，等到好業績公開了，股價就會季度階段性上漲，形成趨勢上漲。但是進入景氣衰退期的時候，企業業績減少，即便股價試圖反漲，最後還是會以企業業績表現不佳為由，導致股價下跌，市場也會呈趨勢下跌。市場會因為許多宏觀因素發生漲跌，但是在財報季的時候，其他問題都會先暫時退場，各界聚焦在業績之上。在三、六、九、十二月預先財報季來臨的時候，要把重點放在尋找業績良好的企業上。

每當財報季即將來臨的時候，研究中心就會以企業的季度預估業績為基礎，爭相發表資料。他們以上一季的企業銷售額進行推測，提供營業利益和營業利益率的預估值。不僅散戶，就連機構投資人也會根據分析師的企業分析資料進行選股。股價的斜度等同於營業利益增長率的斜度，公司業績相較於前一季和前一年同期，成長幅度愈大，股價就愈是飆漲。季度業績表現良好的公司，買勢會在業績發布之前快速增加，股價上漲，反之，則是股價走跌。

「盈餘驚訝」（earning surprise）和「盈餘衝擊」（earning shock）是財報季裡在股票市場上最常被提及的字彙。對於會追蹤業績，並參考這些資料進行投資的投資人而言，不會喜歡驚訝和衝擊這兩字。投資股票的時候，最難應對且最讓人感到困惑的，就是不確定性。如果企業的成長和業績可以大致符合預估的路徑發展，那我們就只要投資好企業就好了，但現實往往無法完整符合預測。下面的案例，可以清楚呈現出業績預估的狀況。2014 年第三季，現代尾浦造船的業績，預計會發生 600 億韓元左右的營業利益虧損，然而業績公布的時候，虧損卻高達 6,060 億韓元，真的是一場盈餘衝擊。由於現代尾浦造船本來就因為一年以來的業績表現不佳，股價正從年初的 19 萬韓元下跌至 13 萬韓元，而業績公布之後，股價甚至崩跌至 7 萬韓元。會造成這次衝擊的原因，在於大規模的潛在虧損預備金。當時的分析師沒能夠預測到，現代尾浦造船會反映出如此大規模的虧損預備金。2014 年，LG Innotek 公布了出乎市場意料之外的業績，原本 8 萬韓元的股價飆漲至 15 萬韓元。第二季 LG Innotek 的營業利益是 899 億韓元，開出了盈餘驚訝，雖然預估第三季業績會再度減少，但是第三季的營業利益卻是 1,029 億韓元，真的是令人驚喜。

我們必須要了解驚喜和衝擊頻繁發生的原因，才知道如何應付市場。雖然企業負責財務的部門也會進行預估，但準確的業績，還是要等到最後合併財務報表完成才會知道。但是在股票市場裡流傳的業績預估資料，卻遠在這之前就已經製作出來了，原本應該等季度結算月份過後才可以完成統計的業績，早就已經依照前一兩個月確定的銷售業績，和季末一個月的預估銷售額，被計算出來了。第一季的業績，雖然必須要等到三月底結束後，才能夠得知準確的統計資料，但是股票市場早在三月初，就已經用一到二月的業績資料，再搭配上三月的預估資料進行推算，因此這個時間絕對不會有準確的數值。即便不是準確的數值，照理來說還是可以預測出相似的情況，但我們還是經常遇到企業不透明的會計慣例與預料之外的營業利益和虧損。

預估業績和實際業績之間的誤差值最小的分析師，就是最有能力的分析師。曾經因為公司會把對業績或股價較大的重大內部資訊，在事前透露給特定的分析師，還引發了大型社會問題。最終使得企業的財務負責人，除了已經公諸於世的資料以外，變得更加排斥提供推測或預估的資料。這對於分析師來說，由於基礎資料的不足和不確定性，不僅更加難以預測業績，犯下「盈餘失誤」的情況也變多了。

財報季期間，我們必須考慮會影響業績的市場狀況和產業狀況的重大變數，因為市場和產業狀況的劇變，會改變公司的業績。除此之外，針對自己已經持有或是打算要投資的公司，觀察它們在過去發表業績的時候，有沒有「大量出現盈餘失誤」也很重要。對於每一季、每一年度的業績表現波動很大的企業，無法從中看出業績的長期趨勢，投資人必須要持續透過每一季、每個年度的財務報表自行確認業績表現是否穩定。但最重要的是，在自己熟悉的產業或企業中選擇股票，如此一來，就能減少財報季大幅變動所帶來的風險。

投資人都希望自己持有的股票，會因為盈餘驚訝而暴漲。我們應該要把每季業績被看好的股票羅列出來，觀察供需和圖表進行確認。我們對於盈餘衝擊暴跌的恐懼，其實不亞於對於股價短期暴漲的期待。波動性較大的股票，雖然藏著獲利的機會，但我們也沒有信心可以控制或應對這些波動。既然如此，我們就必須要以最穩定的方式投資。如果想要投資一家虧損的公司，並等待業績好轉，或是想投資一檔業績才剛開始轉好的股票，就必須承擔風險。為了從機率上規避風險，我們必須把利益增長的穩定性擺在第一位，就如同威廉歐尼爾（William J. O'Neil）的投資技法「CANSLIM」中的 C（目前的季度每股盈餘）與 A（年度每股盈餘）。我們必須要投資一家每一季、每個年度的業績都有趨勢成長的企業。由於機構投資人需要在短期獲利，以取得投資地位和實力的認同，但其實大部分的散戶可以不用如此操之過急。雖然財報季是可以大舉獲利的好機會，但是利用短期動能投資的時候，很可能會面臨高額的虧損。投資沒有盈餘驚訝和衝擊的穩定企業，也是其中一種方法。

讓我們來看看 SPG 的季度業績、年度業績、長期圖表作為案例吧。SPG 的季度銷售額持續增長，由於營業利益率正在增加，營業利益也大幅增加。接著我們可以看到，SPG 的年度利益確實有明顯持續成長，銷售額在過去五年

SPG季度業績報表

◁ 40 SPG

財務報表 財務比率 投資指標 競爭方比較 Disclosure

Financial Highlight [合併][季度] 單位：億元、%、

IFRS(合併)	Net Quarter				
	2020/12	2021/03	2021/06	2021/09	2021/12
銷售額	1,004	898	1,002	1,091	1,172
營業利益	**44**	**48**	**52**	**75**	**60**
營業利益公告基準)	44	48	52	75	60
本期淨利	25	48	27	84	70
股東淨利	25	48	27	84	70
非控制權益淨利					
資產合計	2,884	2,923	3,303	3,441	3,651
負債合計	1,436	1,407	1,612	1,628	1,720
資本合計	1,448	1,516	1,691	1,813	1,931
股東權益	1,448	1,516	1,691	1,813	1,931
非控制權益	0	0	0	0	0
資本	104	107	111	111	111
負債比率	99.18	92.83	95.30	89.78	89.08
保留率	1,329.71	1,364.25	1,465.25	1,575.18	1,663.79
營業利益率	**4.37**	**5.37**	**5.20**	**6.90**	**5.11**

SPG年度業績報表

◁ 40 SPG

財務報表 財務比率 投資指標 競爭方比較 Disclosure

Financial Highlight [合併][季度] 單位：億元、%、倍、千股 連接

IFRS(合併)	Annual					
	2017/12	2018/12	2019/12	2020/12	2021/12	2022/12(E)
銷售額	**2,958**	**3,054**	**3,152**	**3,548**	**4,163**	**4,580**
營業利益	**64**	**121**	**103**	**181**	**235**	**321**
營業利益公告基準)	64	121	103	181	235	
本期淨利	-41	80	68	141	229	277
股東淨利	-32	78	74	135	229	277
非控制權益淨利	-9	3	-6	6		
資產合計	2,467	2,752	2,757	2,884	3,651	
負債合計	1,500	1,499	1,445	1,436	1,720	
資本合計	967	1,254	1,312	1,448	1,931	
股東權益	984	1,258	1,323	1,448	1,931	
非控制權益	-18	-4	-11	0	0	
資本	104	104	104	104	111	
負債比率	155.18	119.55	110.12	99.18	89.08	
保留率	928.43	1,147.63	1,209.89	1,329.71	1,663.79	
營業利益率	**2.15**	**3.96**	**3.27**	**5.10**	**5.65**	**7.01**

裡持續增加，即便在 2020 年，新冠肺炎大流行引發景氣衰退的期間裡，也有相當優異的表現，營業利益與淨利都大幅增長。既有的設備投資開始出現成果，相比銷售額，營業利益與淨利也都在成長。等到營業利益率進入兩位數之後，SPG 有望出現爆發性增長。

雖然市場從 2022 年 1 月開始崩跌，但這家企業的股價仍然持續上漲。企業利益的增長與股價的走勢，是我們可以確定的動向。每季、每年業績都有持續成長的企業，發生盈餘失誤的機率比較低。投資利益持續增長的公司，是一個可以擺脫財報季變動，達到舒適投資的方法。

SPG長期圖表

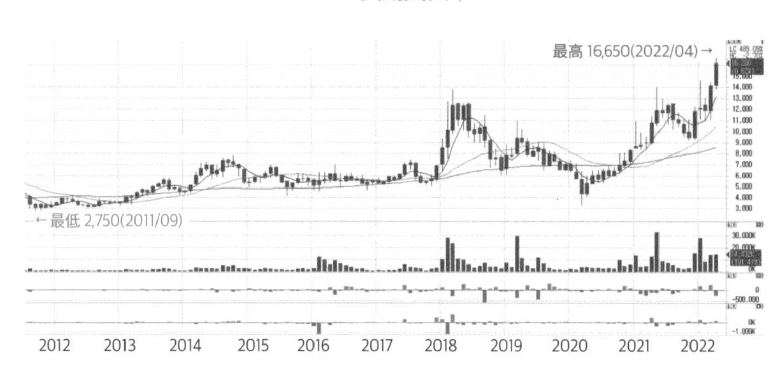

盈餘驚訝後走跌，盈餘衝擊後上漲

● ● ●

有時候業績表現良好，但股價卻會下滑，有時候我們會對於股價為什麼下跌感到混亂，也會對此感到生氣。2022 年 4 月，三星電子的股價創下五十二週以來的新低，但是三星電子第一季的暫定業績創歷史新高，銷售額與營業利益也超乎市場期待。儘管如此，外資與機構仍然連日賣出股票，股價持續走跌。有一種說法是，機構投資人早就已經買進業績表現良好的企業股票，然後在好業績公開的時候賣出，但這個說法並無法獲得普遍認同。

基於效率市場假說理論，好業績公開的時候，有可能會賣壓湧現。「當前股價裡，早已包含了過去和現在的業績，以及未來可預估的業績」假如以這項假設為前提進行思考，由於好業績早已經反映在股價之上了，因此出現獲利了結的賣壓，確實也很合理。但是在實際投資時，預計業績表現良好的企業，股價會在業績公開的時候出現賣壓，可是等賣壓消化完了，股價往往又會再度上漲，原因是產業景氣獲得改善的企業，業績會連續幾個季度持續好轉。

然而業績不佳的企業，股價在業績公開之前早已經進入跌勢，一旦最差的業績被公開之後，反而大多會出現短期反彈的現象。從理論上來說，這樣好像是合理的。因為股價已經反映利空並走跌，如果後續會好轉的期待值被反映在股價上，就會有低價買潮流入。但是在這種情況下，由於該公司下一季的業績表現也會不佳，如果在低點反彈的時候追買，大部分都會虧損。歸根結柢，不管是什麼樣的狀況，重點就在於未來的業績。股價雖然會因為好業績而大幅上漲，但如果預期該公司的業績會在日後幾個季度裡持續增加，那麼即便業績公開之後會因為短期獲利了結的賣壓而下跌，但不久之後仍然很快就會回復上漲的趨勢。股價也會因為不好的業績而大幅下跌，但如果預期業績仍然會持續表現不佳，即便股價發生反彈，接下來也會繼續維持跌勢。

我們常認為，當股價因為盈餘驚訝飆漲就應該賣出股票；當股價因為盈餘衝擊走跌就應該買進股票。但是我認為，股價上漲的時候，主力們會利用正面的新聞讓股價暴漲，然後在高點賣出；股價下跌的時候，他們會利用負面新聞讓股價走跌，並且在低點買進，市場裡有些主力真的在操作著這種心理遊戲。然而，在絕大多數的情況下，都會依照業績公布時，股價反映業績好壞的程度，形成獲利了結或是低價買進的情況。

有一個詞彙叫做「洗大澡」（Big Bath），意指企業將過去應認列而未認列的虧損和未來可能發生的虧損，一口氣進行會計處理。以洗大澡的情況來說，該企業將不需要再擔心追加意外的虧損，以基數效應來說，日後很有可能出現好業績。這種情況下，股價會因為盈餘衝擊而短期走跌，但等到股價進入低價買進區間的時候，就可能會反彈。

就算出現盈餘驚訝，當市場認為該企業的利益日後無法再進一步增長，股價就可能會崩跌，這種時候的標準就在於營業利益率。如果營業利益率持續攀升，日後就很難有望再出現更高的利益率。有些時候就算企業公布的業績持續發生盈餘驚訝，但股價卻仍然持續走跌，這種情況真的很尷尬，如果你提出問題，詢問「為什麼業績表現優良，但是股價卻會疲弱走跌」，包含分析師在內的專家都會說，股價會在短期盤整後再度上漲。不過，若真的持續等下去，虧損的幅度會擴大，最後股價跌了一半，投資人卻只能在動彈不得的情況下持續抱著股票。當股價已經全數反映出今後一至兩年內，該企業可取得的最佳業績時，就經常發生上述的情況。除了本季和下一季的業績表現是否良好以外，判斷目前的股價已經反映出了多少未來利益，也是核心要點之一。

股票投資是預估企業未來的業績，投資它的成長潛力。要準確預估企業未來成長（業績）很困難，所以股價會呈現趨勢性的下跌與上漲。不管再怎麼擅長企業分析，如果誤判全球景氣這類的宏觀變數，往往會因而虧損。若僅靠著目前的企業業績，來推測股價，這種行為就和在井底看著雨滴落下沒什麼兩樣。如果股價不與業績掛鉤時，我們就必須警惕為什麼。當股價因為業績發生令人無法理解的動向時，就必須從「價格動向」上尋找答案。假設利多出現後，股價無法上漲，就會出現拋售。如果你抱著股票，正等待利多，但股價卻絲毫沒有反映出利多，這就代表股價早已全數反映完利多了，或者是這當中存在著自己不知道的利空。當利空出現後，股價如果沒有下跌，就會有買盤買進。利空出現時，有買盤買進，代表利空已經全數反映完畢，或者可能有其他的好消息。答案就在股價裡。我們不能違背股價動向，硬是尋找繼續抱著股票的理由。市場上，不是眾人皆蠢，唯我聰明。

股價會根據心理而產生供需的變化，因為自己是價值投資人或是長期投資者，就看著股價走跌，什麼都不做，這是一種管理上的疏忽。股價最終確實會收斂在企業價值，但如果對企業價值判斷有誤，就會發生虧損。對於未來價值的評估過分自信，可能會招致虧損。買賣之所以形成，就是因為投資人對於未來價值的判斷都不盡相同。別人賣股票的時候一定有他的原因，買股票的時候也是。當股價動向因為供需變化，跟自己的判斷發生出入的時候，就必須要保持懷疑。

股價漲跌的原因

●　●　●

有很多投資人都認為：「只要買進三星電子，抱個幾年之後，就一定會賺錢吧。」為了長期投資，我們必須要有閒置資金，遇到資金流動性風險時，能夠等待，承受股價的波動性。另一方面，從企業角度來說，我們應該看的是「持續經營」（Going Concern），也就是公司能否不倒閉、持續經營，以及利益是否能持續增長、是否擁有不會在競爭中被淘汰的核心技術。雖然人人都想投資這樣的企業，但是我們卻很難判斷，怎麼樣的企業才可以持續成長，帶動股價上漲。所以很多人就「只好」選擇了三星電子。

吉姆・史萊特（Jim Slater）被譽為「英國投資人的導師」，他認為個人投資者「長期投資自己了解的小型成長股」，是最有效的投資方法，這種投資策略被稱為「祖魯投資法」，並收錄在他的著作《祖魯法則》。成功的關鍵，在於不要企圖全盤了解市場的所有不確定情況和數千家的企業，而是專注在自己了解的小型企業上。但多數的投資人，在投資中小型企業時，由於對持續經營沒有信心，也不信任利益增長，所以只投資特定國家的龍頭企業。最具代表性的案例，就是韓國股市裡投資三星電子或現代汽車，美國股市就投資蘋果或亞馬遜等。

並不是說投資市場上最具代表性的股票，就是不好的方法。市場的代表性股票，在市場下跌的時候可以相對抗跌，在市場上漲的時候又可以獲得附加的收益。這種投資方式就好比在買大盤。因為會投資市場代表性的股票，大都是無法承受市場的波動性、無法預測市場狀況、資金有限但選不出會大幅成長的小型股。但是真正的價值成長者，長期投資的是能隨著世界變化而不斷增長的企業，也就是現階段看起來規模不大，但可以大舉成功的企業。

很多投資人在投資擁有系統性半導體技術的小型股時，內心焦躁不安，但是投資三星電子卻很放心。然而，不管是三星電子還是現代汽車，過去都是從小公司起家，才有今天的成績。特斯拉則是在世人對電動車商用化的不間斷的質疑聲中，最後獲得成功，成為當今的國際企業。股票投資，投資的雖然是企業的未來成長潛能，但諷刺的是，裡頭最難的也是判斷企業的成長潛能。

投資擁有未來技術的中小型企業後，我們就會對股價的波動變得敏感。當股價突然下跌，我們會開始懷疑「這家公司是不是要倒了」；當股價突然上漲，又因為不知道上漲的緣由而感到慌張。一旦無法得知股價上漲的原因，先撇除獲利不管，我們的內心總是會感到焦慮，所以我們會在股價走跌或上漲的初期就賣出股票。當股價下跌的時候，首先要判斷是否受到市場行情的影響，如果企業價值沒有改變，但股價卻因為受到市場行情影響而下跌，那麼就應該相信這家企業，繼續等待，有閒錢的話也應該加碼買進。市場行情總是會週期性反覆漲跌，千萬不要在市況不好的時期賣出股票，在好的時候又買進股票。投資股票後，賣出股票的時機點，是在企業價值已經完整反映在股價上的時候，以及當初期盼的企業成長潛力發生變化的時候。當股價因為市場行情或供需產生變化而崩跌的時候，就是買進的時機，但是當企業價值受損的時候，就是賣出的時機。反過來說，當企業價值沒有發生任何值得變化的事件，但股價卻飆漲時，也必須要賣出。

企業也可能會因為產業循環的變化，引發股價下跌。某些時候半導體會走揚，某些時候是汽車產業上漲。產業循環的變化，可能會因為技術發展或基準利率變化所引起的風格基金需求變化而發生改變。當技術正在進步，但自己所投資的企業技術卻落後時，就應該賣出股票。相反地，當企業穩健地走在技術發展的道路上，即便現階段遇見瓶頸，也應該繼續持有，其中最具代表性的就是所謂的「S型曲線理論」以及「鴻溝理論」（即便產品再如何優秀，在大眾開始使用之前，也必須跨越停滯期）。

在技術發展的初期，企業在讓技術滲透到日常生活之前，可能會處在如深谷般的困境之中；但是這個階段，是改變世界必經的過程之一，能夠克服這項困境的企業，就能夠大獲成功。由於基準利率變化所引發的成長股或價值股的資金轉移，絕對無法成為賣出股票的理由。風格基金資金轉移所引起的供需變化，可能會使股價大幅漲跌，為了管理報酬率，我們只需要調整比重。最後風格仍然會轉變，成長的企業會重新在市場上嶄露頭角。想要取得短期績效的機構投資人或證券公司職員，他們必須應對供需循環的變化，但是散戶不僅難以應對，也沒有必要這麼做。

需求也可能造成股價的變動，有句話說：「供需優於所有資訊。」即使企業的價值沒有改變，機構的再平衡、與期貨有關的系統交易、全球基金的再平衡、ETF 的換股……等，都可能造成股價波動。雖然過程中，有可能因為對於企業成長的觀點不同而出現賣壓，但大都是管理策略所引發的再平衡。有償或無償增資、轉換公司債的換股，也可能會出現賣壓；有時候也會出現原因不明的供需，導致股價走跌。流通股數變多，或者是機構、外資的再平衡，都會招致供需不平衡，使股價長期處在低檔。遭到主要買方的冷落，是股價上漲最大的絆腳石。企業價值的成長屬於長期觀點，但現階段要以供需為優先。當發生嚴重的待解事件，或是確認機構和外資已經改變心意，我們就需要調整手上的持股數量，因為如此一來，解決供需歪斜的時間就會拉得更長。

如果能夠明確知道股價下跌的原因，應對的方法就會變得很明確。投資人看到股價下跌會感到慌張，是因為不知道股價為什麼下跌。股價上漲也是同理，雖然上漲的過程很開心，但心裡卻可能充滿不安感，不知道股價什麼時候會再下跌，什麼時候應該賣出股票，就跟股票下跌的時候一樣感到焦慮。據說股價上漲的時候思考賣出時機，比股價下跌已經心灰意冷的時候，更令人感到壓力，因為股價在上漲的時候，投資人不知道明確的原因是什麼。我們必須要區分出，股價上漲是因為業績表現良好、有利多消息傳出、被市場行情或產業景氣帶動，還是單純的供需變化。只有這麼做，我們才能夠決定應該要賣出、持有還是部分出售。

總而言之，買進股票時，我們必須要考量企業的價值變化、供需的變化、反映投資人心態的圖表，認清自己應該在哪一個情況下賣出。根據判斷，即便股價走跌，我們仍然可以繼續持有，也可以加碼買進，或者是在股價小幅度下跌時快速賣出；就算股價上漲了 10%，也可以賣出，或是可以等待股價再漲個幾倍再賣出，但這個決策必須在買進的時候就先決定好。

世界的變化和股價的變化

● ● ●

專家常說：「投資股票，要先從了解天下事開始。」技術的變化、政策的變化、制度的變化、認知的變化，由此發生的世事變化，會帶動股票市場的變化。當社會的普遍觀念和認知發生變化時，小企業可能會成長為大企業，市場偏好度永遠排在第三名的股票，也可能一朝成為第一名。社會對企業認知的變化，會使股價飆漲，也會使股價崩跌。世事的大浪潮，會成為中長期的市場行情，中途的細浪也會引發股價的漲跌。我們應該要時時刻刻關注世界的變化，順應洪流決定投資方向。

許久以前，首度發明電力，汽車、船舶、飛機剛開始生產的時期，股票市場裡最具革命性的成長股就是汽車、造船、鋼鐵、化學等產業。二十世紀末，個人電腦的普及化和網路革命，創造了智慧型手機這項新的生活必需品，並引起電商交易、電子金融環境的變革。當電動車首度問世時，許多人都認為它不可能被實現。但現在，我們卻生活在一個電動車已經普及的時代裡。娛樂產業成為主要國家的核心產業，NAVER、Kakao 等網路平台事業不斷轉型，「元宇宙」的時代正在開啟。

股票投資人眼中的股市變化，每天都如此新穎。每一天都有新變化，造成某些產業衰退、某些產業成長，驅使新的領頭股誕生。投資股票不是只打開 MTS，看看股價上漲和下跌而已，它不是股價上漲就加碼，股價下跌就賣出，如此單純的交易行為，也不是只看當下流行的題材，選擇多數人喜歡的股票就好。也許股票投資，要關掉 MTS，專注在世界的變化，才可能成功吧。就好比科幻電影裡出現的新技術成為現實，我們必須要關注變化。

《星際大戰》、《回到未來》、《惡靈古堡》、《魔鬼終結者》、《駭客任務》、《銀翼殺手》、《關鍵報告》、《阿凡達》、《變人》、《鋼鐵人》、《機械公敵》、《駭客任務》、《雲端情人》、《A.I. 人工智慧》等無數的電影裡，都可以看見我們所想像的東西。

《星際大戰》中使用全像投影進行對話、《惡靈古堡》裡有著會調整基因研究所「蜂巢」的人工智慧、《A.I. 人工智慧》裡我們看到想要成為人類，擁有著感情的機器人、《回到未來》裡有著飛天滑板和眼鏡造型的通訊器、《關鍵報告》裡有著可以徒手騰空查詢資料的介面技術、《阿凡達》讓我們看見擴增實境、《雲端情人》有著人工智慧和語音辨識技術等，電影裡面我們可以看見人類在未來夢想擁有的許多技術。這些技術與大數據、AI、穿戴裝置、虛擬實境、擴增實境、健康照護機器人等所謂的第四次產業革命關鍵字正好相同。過去電影裡的技術，現在正逐一實現，而我們就生活在這樣的歷程裡。

在空中飛行的汽車、只要說句話就可以自動帶我們抵達目的地的汽車、不使用汽油而是使用電力或氫能移動的汽車，在股票市場上，自動駕駛與電動汽車已經成為重要的題材。可以和物理上距離遙遠的人，像是相處在一起的全像投影技術，已經透過虛擬實境與擴增實境與我們的生活接軌，並大量運用在遊戲等方面，成為重點題材。

隨著智慧型手機技術、無線通訊的發達，以及可穿戴裝置技術相互結合，改變了我們日常生活中的所有一切。半導體是這種技術的基礎硬體，所以在第四次產業革命裡，最大的受惠者就是半導體。用血和汗堆砌出來的各種疾病追蹤技術，也正在快速進步。在股票市場裡，這種技術被稱為分子與細胞技術，在韓國也已經有很多企業開始提供診斷的服務。

在《活人生吃》、《28天毀滅倒數》、《錄到鬼》、《末日之戰》、《殭屍哪有這麼帥》、《我是傳奇》等喪屍片；《明天過後》、《2012》、《地心毀滅》、《世界末日》、《直闖暴風圈》等災難片；《2009月球漫遊》、《火星任務》、《接觸未來》、《2001太空漫遊》、《星際異攻隊》、《地心引力》、《星艦戰將》、《星際效應》、《普羅米修斯》、《異形》等宇宙電影裡，我們也能一瞧未來成長的技術。喪屍、靠近地球末日的大災難、外星人侵略地球，或是地球人前往遙遠宇宙旅行，這些電影還跟現實有一段差距。但是從醫學技術發展的速度來看，總有一天，人類最終不會死亡，而是可以移植各自的人體機能。殭屍不就是服用祕藥而出現的副作用嗎？關於遙遠的宇宙旅行以及因為其餘行星而造成的災難，我們雖然對於日後的發展不得而知，但卻也一直都惦記在心，發展著科學技術。雖然看似還有些遙遠，但最終仍然會成為現實的災難、疾病、宇宙科學的相關電影中，在各種情況下所應用的技術，也會成為未來核心變化的主要因素。

進入二十一世紀後，全球進入了低成長的階段。過去全球的經濟成長，靠的是能夠高成長的國家推動。繼美國、歐洲、日本等先進國家之後，韓國、台灣與中國等新興國家亦是如此。如果說，這世界上還留有高成長的可能性，也許就是像非洲這類還未被開發的國家吧。就像過往一樣，只有低度發展的國家才能夠高度成長，而只有先進國與新興國家才可以獲得成長的果實。但是現在我們幾乎已經不再使用低度發展國家這個詞彙了，因為幾乎地球上的所有國家，都已經取得了亮眼的發展。

在低度發展國家成為發展中國家，再進一步發展成先進國的階段中，鋼鐵、化學、煉油、建設、機械等傳統產業才得以成長，但是目前這樣的增長鏈已劃下句號，我們只能再繼續尋找新的動能。從這個意義上來說，我們應該關心電影或漫畫裡，運用想像力創造的新世界，以及會開拓出新世界的新技術。除此之外，我們還要進一步在股票市場上市的企業中，關注致力於新技術的產業與企業。

讓我們一起關注在製藥、生技、自動駕駛、電動車、氫能車、穿戴裝置、擴增實境、虛擬實境、大數據、人工智慧、機器人、宇宙科學等產業中，經營著事業的公司。真正的成長企業，是現在雖然是小公司，但可以用獨特的技術作為底蘊，準備進入未來成長產業的公司。新技術所帶來的新產品上市，可以讓股價上漲數十倍、數百倍。不要只關注股票市場內部所發生的事，也要保持興趣觀察世界的變化。

賺錢的

交易心理

Chapter 5

分析圖表的心態

直觀看待圖表

● ● ●

金春洙的詩《花》裡，有這麼一句話：「當我呼喚他的名字，他向我走來，成為了一朵花。」生活中，我們會賦予許多事情意義，唯有這麼做，我們的生活才會有價值。但是在面對反應著投資人情緒的圖表時，比起賦予它意義，我們應該直觀看待。有一句股票格言說：「不要愛上股票。」如果珍惜自己持有的股票，就會因為稟賦效應而出現偏袒。

圖表會呈現出想買賣股票的人內心狀態的結果。想買的人較多，就會創造出陽線，交易量也會增加，形成趨勢上漲的圖表；想賣的人較多，就會創造出陰線，交易量也會增加，形成趨勢下跌的圖表。技術分析師為了分析陽線與陰線、趨勢、型態、過熱與停滯、交易量、波動區間、價格走勢與動能走向……等，他們設計出了大量的輔助指標用來分析。經由價格和交易量的動向製作而成的輔助指標，因為是落後指標，所以無法用來預測未來的股價，只能利用追蹤過去與當前價格和交易量的動向，來推測股價的走向。

圖表專家用過去的圖表來講解未來的股價，不管多即時，只要經過一秒鐘，其實就算是過去了，所以說當下形成的圖表，都只不過是過去的走勢。拿過去的數字加以組合，然後製作出某種「率」，像這樣的演算法交易或量子投資雖然很流行，但是僅限於在有限的範圍內使用。假如利用過去龐大的數據就可以預測未來的股價，那麼熟悉統計學或電腦程式的專家，應該全都賺大錢了吧。機構投資人，在決定交易時機的時候雖然也會使用圖表，但這不是判斷的關鍵因素。

價格與交易量，是各種複雜又困難的指標的基本數據。如果執意要使用輔助指標來解釋或證明其合理，反而可能扭曲事實。還有些圖表，在判斷方面顯得模糊不清，遇到這種情況的話，就不要交易，保留判斷就好。

面對趨勢上揚和趨勢下跌的圖表，不要賦予「欺騙型態」或「逆轉」等其他額外的意義。主觀賦予的意義愈多，就愈難加以判斷，甚至會更加扭曲。當下趨勢雖然不好，但也不應該像「醜小鴨」一樣，賦予主觀意義，認為自己可以當上天鵝，股價也會為自己帶來收益。如果夢想在未來蛻變成天鵝，那就屆時再買進就好了。不要買進一朵自己也不喜歡的花，放在那裡等著它變美。

就算是不順眼的花，一直盯著它看，最後也一定會有順眼的地方。投資股票時，造成鉅額虧損的，大都是因為這種情形。明明這朵花已經枯萎了，也不討喜，卻還是期待著它會幻化成美豔的花朵，遲遲不肯放手，最後招致鉅額虧損。在股票市場裡，漂亮的花朵（股票）是可以為我帶來收益的花朵（股票）；在股票市場裡，不討喜的花朵（股票）是會為我帶來虧損的花朵（股票），僅此而已。雖然裡面有可能會有一朵，只屬於我自己風格的花朵（股票），別人都不喜歡，但是大多數情況下，群眾都喜歡的花朵，最終才會盛開。

失望和羞愧，是投資股票時絕對要避免的心態。我們不可能在接連不斷的判斷中，每次都做出優秀的決策。花，不過就是花。有的股票會為我帶來收益，有的股票會讓我承受虧損。為自己帶來收益的花朵，就是美豔的花朵；帶來虧損的花朵，就是不討喜的花朵，僅此而已。一旦花兒開始凋零，那就是到了要丟棄的時候，而該丟的時候，就要毫不留戀地丟棄。如果圖表上顯示，群眾想買進的心態比較強烈，就應該繼續持有，等到圖表上開始出現想賣出的心態，再做好心理準備就可以了。當想賣出的心態開始

更進一步強化，就要立刻賣出（這也是為什麼《韓國最強法人交易員的獲利關鍵》中會提到，股價回檔的時候，如果出現帶有交易量的陽線，就是進場的第二信號；如果出現帶有交易量的大陰線，就是出場的第二信號）。

過往的圖表近乎完美

● ● ●

2008年10月某一天，美國發生了金融危機，KOSPI 200期貨最終以跌停收盤，股價慘跌。當天晚上，一位我認識的操盤高手所說的話，我至今仍無法忘懷。他說：「把你現在手邊可以動用的現金，全都集中進來買股票，如果我的判斷有誤，那我就從股市裡引退。」下圖是2008年10月當時的KOSPI指數圖。最終，他的判斷無誤，至今，他也還是一位優秀的操盤手。

2020年春天，席捲全球的新冠肺炎大流行，讓市場急遽陷入恐慌。結果3月23日，美國期貨價格一開盤就直接跌停，交易還一度中斷。下圖是2020年3月的KOSPI圖表。

| 2008年10月KOSPI指數走勢圖 |

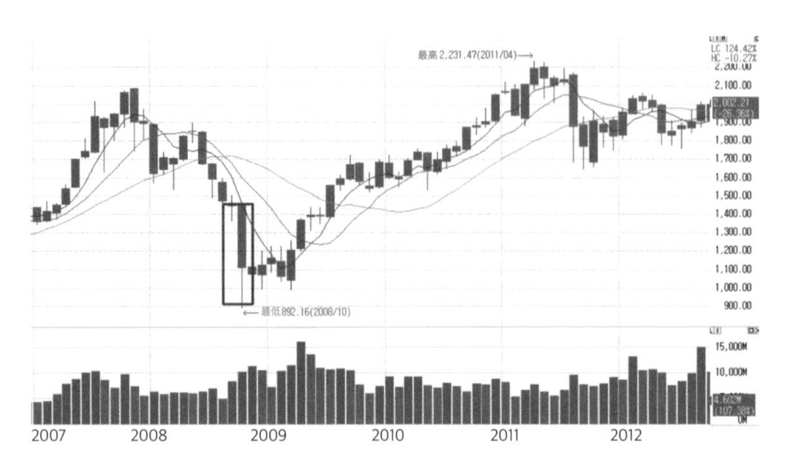

| 2020年3月KOSPI指數走勢圖 |

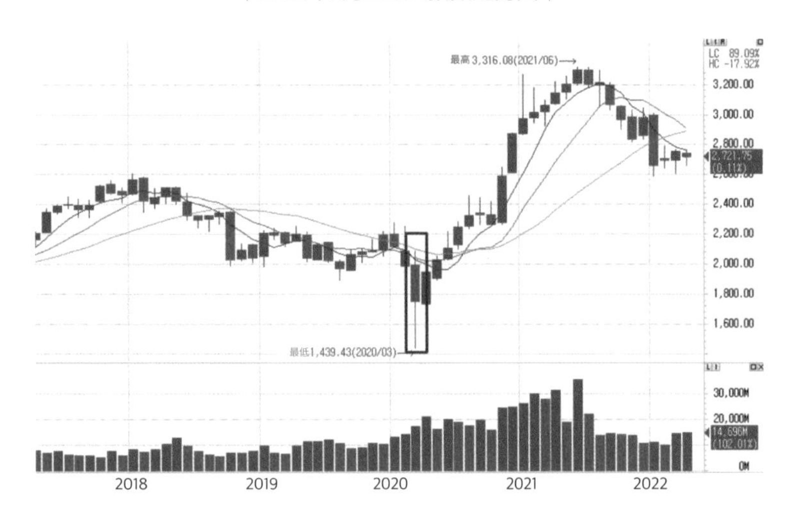

兩次的案例，都因為不正常的價格扭曲形成了低點。下圖是 KOSPI 的長期走勢。

| KOSPI長期趨勢圖 |

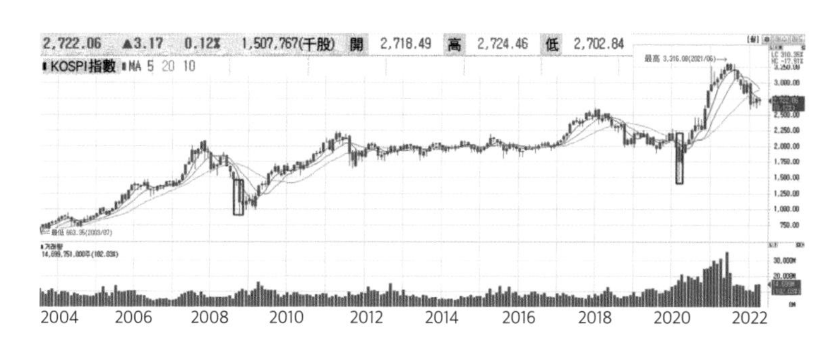

這張長期圖表上，涵蓋了前述的 2008 年與 2020 年。股票市場雖然經歷危機，一路跌跌撞撞，但是長期走勢仍然居高不下，持續上漲。我們雖然會認為，事件經過之後再回頭看，也不可能那麼簡單、這麼單純。但最後時間流逝，再回過頭來看的時候，一下子就能夠知道當時是最好的進場時機。但是處在當下的無數投資人，真的會這麼想嗎？當時就連世界著名的學者或投資專家都斷言，市場將會難以恢復，經濟將會長時間停滯。

偶爾我會看到一些專家，講解著演算法交易和量子投資的有效性，為了驗證自己的邏輯，還展現了「回測」（Back

Test）。所謂的回測，是指在自己的交易邏輯中，帶入過去的價格，利用機率來驗證實際勝率的行為。幾乎大多數的結果都非常優秀。也許各位用幾個組合建立邏輯，也可以取得優秀的成果。但如果開始使用這套邏輯投資的話，結果會怎麼樣呢？勝率很可能只有 50%左右。如果經過大量實驗，就算機率只高出 10%，達到了 60%，那麼這套邏輯就已經可以說是非常優秀了。排除心理因素，利用數學建模進行的量子投資，有許多優點。但如果是以過去的數據進行驗證，根據使用數據的時間不同，有時候結果可能匹配，有時候也可能不匹配。出現在市場上的投資策略，大都只會呈現出當下匹配的結果值。這個世界總是在變化，發生著我們無法預期的事件。適用在過去的邏輯，不代表也能適用在未來。

一般來說，我們接觸到的趨勢和型態也是如此。上漲與下跌趨勢、以江恩角度 K 線為準的股價走勢、根據大量型態進行預測的投資技法，在多數情況下都可以適用。處在上漲趨勢的股票，後續維持漲勢的機率很高，等到逆轉型態出現之後，股價又大都會走跌，所以說這些方法至今仍然有用。但是我們應該把它們當作是「輔助驗證」的工具。上漲趨勢是股價上漲後所形成的趨勢，下跌逆轉型態是由於股價下跌才形成的；總而言之，趨勢和型態，都是根據股價如何波動而形成的。下圖是現代尾浦造船的趨勢下跌與上漲圖表。畫上趨勢線之後，在趨勢線上方標示賣出，在下方標示買進，結果很吻合。

| 現代尾浦造船長期趨勢圖表 |

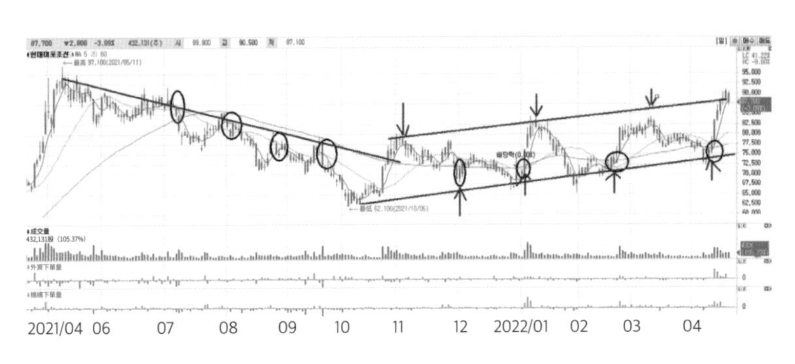

但就如同我在《韓國最強法人交易員的獲利關鍵》趨勢篇裡所提到的，從結果論來說確實是對的，但我們投資的當下，大多處於趨勢形成之前，或是剛形成的時候。下圖是上圖最後一段的部分，也就是 2022 年 4 月股價開始飆漲之前的圖表。

| 2022年4月股價飆漲前的現代尾浦造船圖表 |

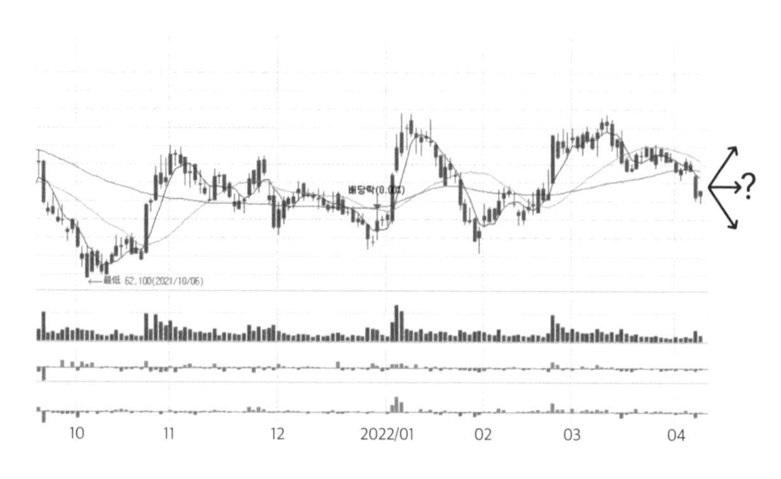

就像是圖上的標示一樣，投資人的交易不是發生在過去，而是現在進行式，要在當下投資未來的價格。想要在當下預測未來，並不像事過境遷後再來談論般容易。這就像是說著「買進三星之後長期持有就可以賺到錢。為什麼？因為過往就是這樣」，「買進績優股，長期持有就能獲利」這句話也是結果論。我們總是要站在當下判斷未來，過去的經驗可以成為判斷未來的建議，但不能成為正確解答，而圖表又更是如此。

最佳的交易時機，就是心態出現逆轉的時機

● ● ●

圖表是由市場參與者的心理狀態所形成的。企業的利益價值與未來增長價值，會決定我們要投資哪檔股票。價值分析師的交易時機，是企業價值發生變化的時候；圖表分析師的交易時機，是投資人對於股價心態發生改變的時候。不論是發生企業價值變化，或是股價與供需發生變化，當股價產生漲跌的動能時，投資人的心理狀態就會發生戲劇性的變化，而這個時機點就是交易的時機。下圖是三星電子在 2021 年 1 月達到高點後走跌的日 K 線圖。

2020 年 11 月，三星電子從 56,000 韓元，在 2021 年 1 月 11 日上漲到高點，漲幅雖然整整上漲 72.8%，但所花費的時間卻不到兩個月。以 KOSPI 總市值排行第一位的企業增長率來說，是極為少見的例外。新冠肺炎大流行之後，資金流入市場的速度加快，特別是晚了一些才加入的散戶們，資金都聚集到了大型股之上。這場大流行，使能夠保持社

| 2021年1月達到高點後走跌的三星電子圖表 |

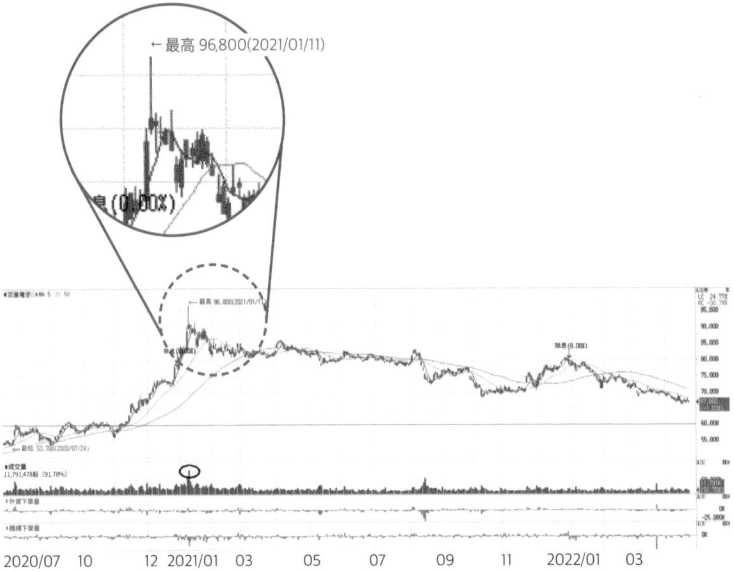

交距離的家電需求增加，連帶影響半導體需求增加，半導體大循環分析報告在市場上大受歡迎。在市場已經大幅上漲的情況下，晚了一步才參與的散戶抱持著保守心態，認為「投資韓國最具代表性的企業——三星電子，至少不會虧損吧」。市場氛圍也認為現在就是半導體的大循環。下圖是 2020 年 4 月以後，散戶、機構、外資投資人的三星電子淨買入趨勢圖。

| 三星電子淨買入趨勢圖 |

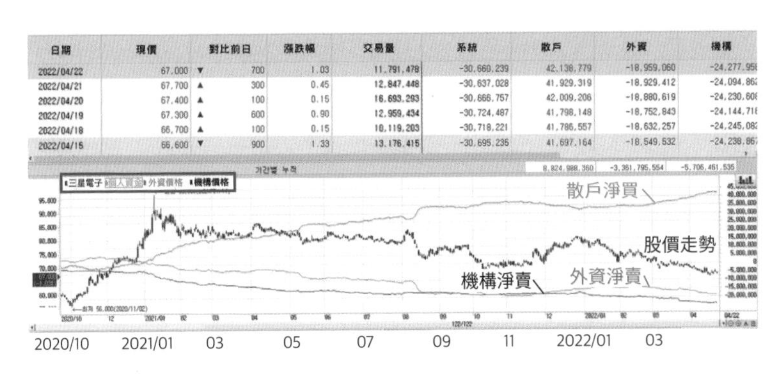

日期	現價	對比前日	漲跌幅	交易量	系統	散戶	外資	機構
2022/04/22	67,000	▼ 700	1.03	11,791,478	-30,660,239	42,138,779	-18,959,060	-24,277,95
2022/04/21	67,700	▲ 300	0.45	12,847,448	-30,637,028	41,929,319	-18,929,412	-24,094,86
2022/04/20	67,400	▲ 100	0.15	16,693,293	-30,666,757	42,009,206	-18,880,619	-24,230,60
2022/04/19	67,300	▲ 600	0.90	12,959,434	-30,724,487	41,798,148	-18,752,843	-24,144,71
2022/04/18	66,700	▲ 100	0.15	10,119,203	-30,718,221	41,786,557	-18,632,257	-24,245,08
2022/04/15	66,600	▼ 900	1.33	13,176,415	-30,695,236	41,697,164	-18,549,532	-24,238,86
기간별 누적						8,824,988,360	-3,361,795,554	-5,706,461,535

以 2022 年 4 月來說，過去兩年來散戶淨買入約 42 兆韓元；反之，外資和機構的淨賣出則分別約為 18 兆與 24 兆。2020 年 12 月的時候，散戶、外資、機構的淨買入幾乎不相上下，但是在 1 月股價形成高點後，走勢卻急遽發生變化，散戶持續買進股票，然而機構和法人卻在賣出股票。群眾總會在股價走跌的時候，高喊著「買進」三星電子。2021 年 1 月 11 日交易量暴增，股價被推上高點，出現了倒 T 線（《韓國最強法人交易員的獲利關鍵》中有提到，當股票出現交易量暴增的十字線或是陰線時，就是第一次出場信號）。新冠肺炎大流行帶來繁景之後，大家開始擔心半導體記憶體價格走跌，實際上，唯讀記憶體的價格也正在逐漸走跌。群眾對於企業價值變化的認知，帶動了拋售股票的行為；而群眾對於企業價值

和股價高點的認知，也帶動了投資心態的轉變，在這之後，三星電子的股價一直無法從趨勢下跌中脫身。

從這個時間點開始，整整一年的時間，三星電子沒有出現過任何一次反彈，股價持續走跌。有報導指出，投資三星電子的散戶整整有六百萬人，但是外資和機構仍然持續在拋售股票。由於近期匯率上漲（韓元處於弱勢），韓國市場成為外資拋售的目標，這也是三星電子股價走跌的原因之一。

由於企業價值改變的這項個別因素，再加上匯率使外資拋售，引發股價更進一步走跌。漸漸地，三星電子的危機論以及半導體弱勢論開始出現。就像是股價上漲的時候，我們會對未來抱持希望一樣，2022 年對未來的負面展望正在逐漸擴散。最終，負面心態的逆轉，將會成為三星電子股價逆轉的時機點。

那麼，三星電子的買進時機和逆轉的動能會是什麼呢？可能的動能雖然有很多種，但如果想要改變股價動向，就必須要發生心態的逆轉。首先，匯率一定要轉揚（韓元從弱勢轉為強勢）。烏克蘭戰爭結束，以及中國和歐洲的景氣復甦，都是匯率逆轉背後的條件之一。

第二點，半導體記憶體價格必須反漲。半導體記憶體價格走跌並不是第一次了，過去半導體的價格還曾發生過膽小鬼賽局，當時生存下來的企業才得以享受到如今的光景。三星電子就是最具代表性的案例。等到半導體價格開始反漲、高附加價值產品技術的區別性獲得認可，企業價值的心態逆轉就會逐漸發酵。

投資心態的逆轉，不會因為名人的一句話或一份分析報告，在某一天就突如其然地發生。群眾的心理狀態，不會按照約定好的日期而發生。群眾的心態會因應著變化，當大家達成一致的瞬間，變化就會發生。就好比我們必須要確認匯率、企業價值的逆轉一樣，確認可以反應出投資人心態的供需與股價走勢，也非常重要。就好比 2021 年 1 月高點形成後，出現第一個出場信號一般，低點形成接著股價開始上漲的時候，也會創造出第一次的進場信號（《韓國最強法人交易員的獲利關鍵》中有提到，當股價大幅下跌後，若交易量暴增，並且出現十字線或陽線，就是進場的第三信號）。就像是股價在高點時，會因為狂熱和貪婪而產生大量交易一樣，在低點的時候，失望和恐懼也會引發大量交易。不帶交易量想出現逆轉是很困難的事。機構與外資的供需逆轉，會形成大量交易，股價大幅下跌，低點成形之後重新回漲的初期，大都會有成交量大增與形成大量陽線的情形。2022 年市場下滑，導致許多股票大幅走跌。利用圖表確認哪些股票形成了低點，然後在低點追蹤哪檔股票出現大量交易與陽線，這樣的投資方法，實際上真的可以大幅獲利。

當群眾的投資心理發生逆轉，圖表就會因為大量的交易和逆向的價格轉變，出現大陰線或陽線。當陽線或陰線無法成形，就會因為買方和賣方激烈的交易，形成上下影線都較長的十字線。投資人的心態會如實的投射在交易量與圖表之上，從圖表上觀察投資人心態，定義好在逆轉發生的時機點進行買進和賣出的原則，是很好的投資方法。

接刀的心態

● ● ●

有句股票格言是：「不要接刀。」但是每次個股價格崩跌的時候，都可以看到散戶強勢進場。讓我們來看一下兩張不同的圖表，以及不同投資主體的供需狀況吧。下方是 Kakao 在 2021 年 9 月 8 日崩跌時的圖表與供需狀況，以及 LG 化學在 2021 年 8 月 23 日崩跌時的圖表與供需狀況。

股價下跌的時候，投資人們會為了「了解股價為什麼下跌」，而向周遭友人撥打電話，或是搜尋新聞。在這段期間，隨著股價崩跌，形成了大陰線。有個說法叫作「撿便宜」，也就低價「撿」起崩跌的股票。從供需面上我們可以看到，在機構和外資大量拋售的期間，散戶連續好幾天買進股票。雖然大陰線出現之後，股價暫時出現反彈，但最終仍然連續大幅崩跌好幾個月。法人機構確實做到了「風險管理」。當股票發生一定幅度的下跌，或是企業價值發生變動的時候，機構確實做到了「停損」。然而大多數的情況下，散戶選擇的不是停損手上持有的股票，而是以加

2021年9月8日Kakao圖表

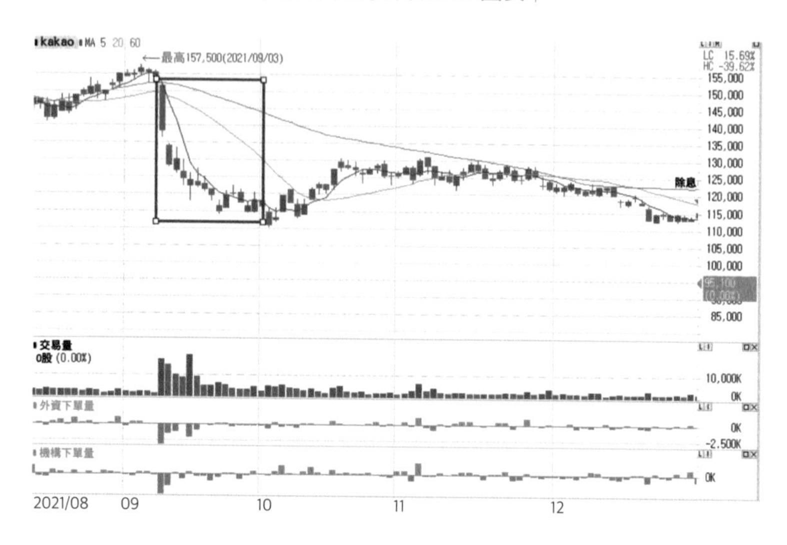

2021年9月8日後Kakao供需狀況

035720 20 Kakao 數量 淨買入 依照日期 兩天

日期	現價	對比前日	對比前日	漲跌幅	交易量	系統	散戶	外資	機構
2022/04/21	95,100	0	0	0	0	0	0	0	0
2021/09/27	120,000	▲ 500	▲ 500	0.42	3,635,942	-388,573	268,563	-324,210	67,450
2021/09/24	119,500	▲ 4,500	▲ 4,500	3.91	5,327,603	271,798	-165,550	120,976	39,105
2021/09/23	115,000	▼ 4,500	▼ 4,500	3.77	6,314,773	140,171	-5,205	180,950	-212,095
2021/09/17	119,500	▼ 2,000	▼ 2,000	1.65	4,807,631	-223,692	548,205	-128,331	-427,844
2021/09/16	121,500	▼ 1,000	▼ 1,000	0.82	4,770,936	133,933	75,067	46,159	-131,034
2021/09/15	122,500	▼ 1,500	▼ 1,500	1.21	9,078,817	-466,595	957,209	-814,654	-170,862
2021/09/14	124,000	▼ 500	▼ 500	0.40	18,895,148	-1,231,688	1,822,816	-1,947,600	135,283
2021/09/13	124,500	▼ 5,500	▼ 5,500	4.23	8,675,498	507,700	287,680	5,188	-323,335
2021/09/10	130,000	▲ 1,500	▲ 1,500	1.17	9,918,050	-554,089	1,092,150	-1,079,559	40,194
2021/09/09	128,500	▼ 0,000	▼ 0,000	7.22	14,534,253	-159,496	2,088,631	-1,317,826	-801,852
2021/09/08	138,500	▼ 5,500	▼ 5,500	10.06	16,920,382	-2,430,253	4,417,184	-3,058,528	-1,368,371
2021/09/07	154,000	▼ 1,500	▼ 1,500	0.96	1,072,249	82,301	9,545	68,555	-75,699
2021/09/06	155,500	▼ 1,000	▼ 1,000	0.64	1,883,428	-78,356	-33,964	-44,895	76,489
2021/09/03	156,500	▲ 1,500	▲ 1,500	0.97	1,934,669	196,804	-414,300	298,047	119,312
2021/09/02	155,000	▲ 1,000	▲ 1,000	0.65	1,649,156	394,778	-188,677	304,977	-120,101

碼買進作為因應。當然「價格崩跌卻無法停損」，是機構做不到，但屬於散戶的優勢；然而，這項優點卻往往不能連結到獲利，而是經常造成鉅額虧損。

| 2021年8月23日LG化學圖表 |

| 2021年8月23日後LG化學供需現況 |

051910 LG化學 數量 淨買入 依照日期

日期	現價	對比前日	跌幅	交易量	系統	散戶	交易量	外資	機構
2021/09/08	756,000	▼ 2,000	0.26	301,550	-14,238	-25,292	301,550	-13,920	40,325
2021/09/07	758,000	▲ 8,000	1.07	411,836	-5,607	-5,234	411,836	-30,332	30,320
2021/09/06	750,000	▲ 25,000	3.45	545,952	50,669	-89,145	545,952	84,373	1,813
2021/09/03	725,000	▲ 14,000	1.97	718,380	-190,201	98,627	718,380	-108,367	26,519
2021/09/02	711,000	▼ 10,000	1.39	781,458	29,585	108,487	781,458	-108,008	-1,029
2021/09/01	721,000	▼ 37,000	4.88	906,907	35,929	342,400	906,907	-304,370	-45,120
2021/08/31	758,000	▼ 12,000	1.56	577,128	62,252	156,756	577,128	-110,778	-57,191
2021/08/30	770,000	▼ 13,000	1.66	252,845	16,721	52,370	252,845	-42,690	-21,424
2021/08/27	783,000	▼ 5,000	0.63	353,049	30,624	50,055	353,049	-33,434	-17,729
2021/08/26	788,000	▼ 11,000	1.38	240,562	15,204	34,304	240,562	-12,710	-21,638
2021/08/25	799,000	▲ 12,000	1.52	459,360	56,515	-22,155	459,360	43,764	-21,851
2021/08/24	787,000	▼ 11,000	1.38	895,863	-38,756	235,589	895,863	-263,765	24,156
2021/08/23	798,000	▼ 100,000	11.14	944,586	-195,979	333,264	944,586	-350,141	14,464
2021/08/20	898,000	▲ 4,000	0.45	220,082	17,050	-46,314	220,082	37,296	8,999
2021/08/19	894,000	▼ 2,000	0.22	250,867	59,240	-43,863	250,867	51,105	-1,440

我們來思考一下，散戶在股價下跌時進場的心態吧。大部分的投資人都想便宜買進股票，部分投資人看到崩跌的股票，會認為這是一個可以便宜買進的機會。他們對於股價下跌的原因，以及日後企業價值的變化，與機構抱持著不同的看法，他們強烈認為：「股票要便宜買進，放到上漲的時候再賣出」，甚至有些專家也是這麼教導投資人的。但是股票的需求面，跟基本面一樣重要，由於供需扭曲而開始崩跌的股票，若想要復甦，就必須先恢復投資信心，也就是因為這樣，被市場冷落的產業，股價才會數年來都難以復甦。雖然從根本上來說，這不可能與企業價值的變化無關，但是大部分的情況下，都是股價先波動，事後我們才會知道「原因」。威廉・歐奈爾曾建議：「不要從外部尋找股價走跌的原因」，意思是在市場裡面，我們必須要原封不動接受反映著價格與交易量的投資心態。

當股價崩跌低於企業價值時，買進股票，然後等待日後市場與價格回歸正常，再賣出套利，是非常好的投資方式，但前提是「企業價值沒有變化」或是「企業價值只是暫時受損」。在企業價值沒有變化的情況下，市場崩跌就等同於立即反彈。在市場行情中，國家戰爭、恐怖攻擊、暫時性流行疾病、低傳導力的國家或企業倒閉、金融體系短暫不穩等因素，被稱之為「噪音」，這些情況不會引起長期的企業價值變化，所以市場很快就會復甦，在這種情況下，股價下跌時以買進作為因應，是良好的投資方法。反過來說，因為利率調漲導致企業利益受損，或是經濟衰退致使企業價值發生變化的時候，就不應該在市場走跌時，以買進作為因應方式。總而言之，在企業價值沒有改變的情況下所發生的價格下跌，是低價買進的前提。

2020 年新冠肺炎大流行使市場崩跌，但市場之所以能在短時間內復甦，是因為景氣與企業利益並沒有受到過多的傷害，所以市場被認為可以在短時間內復甦。

如果不是因為個別企業的問題，而是因產業或題材的需求扭曲而同步引起股價崩跌，在這種情況下，由於不會對企業價值造成直接的影響，所以低價買進是良好的投資方法。但是如果是個別企業單獨暴跌，就不應該以買進股票作為因應的方式，特別是交易量增加與出現大陰線的時候，就應該賣出股票。股價不會毫無理由地隨意暴跌，偶爾有些投資人，就算不知道股價下跌的原因，也還是會低價買進。這種時候，我們應該認知，市場知道我所不知道的「原因」。個股單獨走跌，大部分的情況都是因為企業價值或成長潛力受到了損害。盲目便宜買進，並不代表就能獲利；看起來便宜的股票，一定有它便宜的原因。正在崩跌的股票，都一定有它背後的原因。這也是為什麼從許久以前，「不要接刀」這句股票格言，就一直廣為流傳。

不是所有的孩子都是一樣的

●　●　●

很多投資人會使用「孩子」來形容自己持有的股票，以此表達對自己手上股票的熱愛。當持有的股票種類眾多，由於每檔股票都有自己的狀況和漲跌，所以很多人會用「風不平、浪不靜」來作為比喻。持有大量類股，在股票行情好的時候，雖然勉強還可以管理得住，但如果在市況變動劇烈的情況下，就很難應對。就好比把雞蛋放在太多個籃子，結果管理不當一樣，這也是為什麼，有些人會說乾脆只把雞蛋放在一兩個籃子裡，細心管理還更好。股票投資中，選擇、集中與下注，是最重要的成功因素。大部分的管理專家，都會為了風險控管而分散投資組合，雖然很多散戶也會分散投資好幾檔股票，但問題就出在管理。

如果在市場強勢的情況下頻繁交易，反而會使報酬率下滑。這種情況已經屬於超出實質價值的過度調整了，如果中途賣掉正在上漲中的股票，就很可能錯失額外的獲利或股價飆漲的區間。市場走多頭的情況下，直到整體上升趨勢結束之前，都不必在意股價的波動，持續持有才能夠獲得高報酬率。特別是這種時候，就算不做管理，只要買進並持有就可以獲利，所以只管買進好股票就行了。看著上漲的股票，我們只要控制好「股價什麼時候會下跌」、「報酬率會不會變低」這種焦躁的心態，便可從中獲利。從某方面來看，或許新手更容易賺大錢。因為他們是對市場行情或股價走勢毫無專業知識的投資新手，因此買進股票後，不會想太多，持續持有，最終大獲成功。老練的投資人，會在市場強勢的時候減少交易次數，悠閒享受假期，反而是愈不熟練的投資人，才會在市場強勢的時候，為了提高報酬率而認真交易。

但是市場弱勢的時候就完全不同了，管理股票跟買進好股票一樣重要。市場強勢的時候，持有的股票大致上走揚的機率都很高，不用特別花心思也沒關係。就算是有些沒出息的孩子，或是表現較差的孩子，也都會跟著行情，一起加入上漲的行列之中。但是當市場轉弱，各檔股票就會開始出現差異。當利率開始調漲，成長股會崩跌，而價值股則表現良好。當經濟進入衰退的局面時，只有現金流與增長率良好的強勢股才能免於崩跌。在市場強勢的時候，相較於其他股票，上漲動能較弱的股票，則會在股市轉弱的期間崩跌。當市場進入弱勢的時候，真正的強勢股與弱勢股就會被明確區分出來。市場回升之際會強勢上漲的股票，在弱勢的期間下跌幅度也較小；因為已經反映出利益與成長價值的強勢股，在股價下跌的時候會湧入低檔買盤，上漲的時候也會相對強勢。即便在市場強勢的時候，表現疲弱的股票，相對來說估值較低，供需也較弱，所以下跌幅度較大，回升的力道也較弱。

當自己手上持有的股票同時走跌，處於虧損狀態的時候，從管理股票的角度來看，汰換股票就很重要。大部分的投資人都認為汰換交易很困難，因為投資人會擔心汰換後，賣掉的股票是不是會上漲，自己買進的股票是不是又會下跌，所以很難判斷要賣出哪一檔股票，又應該要買進哪一檔股票。已經持有的股票，在剛買進的時候看起來表現不錯，也有成長潛力，所以難以將其汰換。然而，一旦成長潛力不再時，無論市場行情如何，當然都必須要賣出股票。不過，在市場走跌的局面下，我們只能判斷哪一檔股票日後會強勁反彈、大幅上漲，因此要做到汰換交易並不容易。

汰換交易有一個簡單的標準，就是不把現有的持股視為股票，而是當成現金，並依據現況重新判斷這檔股票。假設我們投資了 1 億韓元，買進了五檔股票，目前處於虧損 20%的狀態，而且每一檔股票的比重皆相同；當我們要從中判斷哪一檔股票可以賺錢，或是虧損幅度較小，又或是有哪一檔股票的虧損幅度可能較大，這時候我們要先忘掉已經虧損的 2,000 萬韓元，以目前持有的 8,000 萬投資額進行思考，重新判斷先前持有的這五檔股票。我們要先忘掉目前的報酬率，轉而判斷哪一檔股票應該「買進」、哪一檔股票是「誤判」、哪一檔股票「不能買進」，此時此刻的判斷就是答案。你應該賣出不能買進的股票，轉為持有現金，或者是加碼買進當下認為應該買進的股票。至於當下判斷應該繼續持有的股票，則無須加以應對，只要持有就可以了。前述章節我曾舉過一個「洋裝服飾店的故事」，滯銷的洋裝，就算打折也要快點賣出，然後增加熱賣洋裝的進貨數量，陳列在賣場裡。

股價會走跌的原因有很多，企業的業績或成長受挫是很明確的賣出原因。但是也有很多情況下，雖然企業價值沒有變化，但股價卻因為市場行情或供需問題而走跌，這時，汰換股票就很重要。當你認為自己持有的股票，大部分都是好企業，最終都會成為一檔好股票的話，就沒必要進行汰換交易。但是大部分的情況下，真正的好股票雖然在市場強勢時難以區分出來，但在市場弱勢的時候卻會有明顯的區分；市場有一個特性，下跌區間裡股票雖然都會一起下跌，但上漲區間內卻是有選擇性的上漲。就好比股價下跌時，每檔股票的跌幅都不同，上漲的時候，漲幅也不盡相同。如果只是一聲不吭繼續抱著走跌的股票，就算市場行情轉好，還是必須要花費比市場走跌時更多的時間和努力，才能夠再次回本。當所有股票都一起上漲的時候，要進行汰換交易並不容易，但是在市場處於弱勢的時候，雖然各檔股票跌幅都不同，但由於大部分的股票都會下跌，所以也可能出現一個絕好的機會，讓你可以買進平時你想買的股票。我們必須要降低弱勢股的占比，提高強勢股的比重，利用調整比重和汰換交易，才能夠在日後市場走多頭時，確保獲利。大部分的基金經理人都認為，調整股票的比重，重要性並不亞於風險管理，因為可以為我們帶來大幅獲利的幾檔股票，很可能會為整體資產帶來增值。

現實中的父母，會對比較弱勢或能力不足的孩子，付出更多的關心。但是投資股票時，我們需要關注的是需求更強勁、利益或成長價值更優秀的股票。如果把焦點放在處於虧損、令人擔心的股票上，就會錯失掉利用好股票大舉獲利的機會。我們必須要果斷放棄弱勢股，把需要長時間等待才會成長的股票先拋諸腦後，專注在近期可以強勢上漲的股票。觀察公司業績、行情動向、需求動向，並專注在強勢股之上，才能夠降低虧損、放大收益。當市場處於強勢的時候，就算去放個長假也沒關係，但是當市場轉弱或是崩跌的時候，就要更嚴謹觀察股票的狀態，進行管理。等到管理告一段落之後，就從市場上後退一步，轉為投資在時間之上。

奔跑的馬、休息的馬，與衰老的馬

● ● ●

有一句股票格言說「要騎上奔跑的馬」，意思是建議投資目前趨勢上漲強勁的股票。然而，目前大部分的投資人，都不太習慣追買強勢股。但是從強勢的股票會進一步上漲，弱勢的股票會進一步下跌的股市特性上來說，這種無法追蹤強勢股的習慣，對於報酬率而言，並非一件好事。任何人都想要追買一匹在奔跑的馬，就如同它會帶來高收益一樣，它的股價會強勁上漲。

下圖是海成 DS 2022 年 4 月的日 K 線圖。雖然市場當時處於弱勢，但是海成 DS 的股價，由於業績與成長動能正在強勢上漲。這就是所謂的——奔跑的馬。

| 2022年4月海成DS日K線圖 |

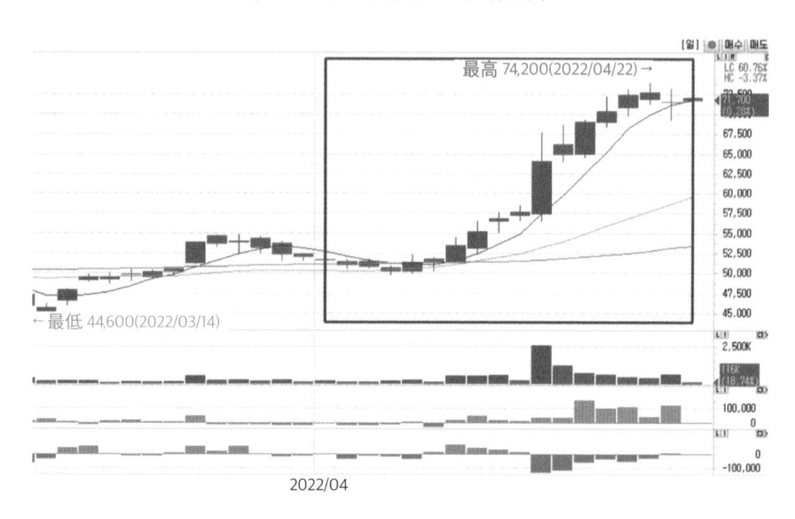

從圖表上可見，股價站在五日均線上走揚，因為股價已經獲得動能正在上漲，所以形成了連續的陽線（《韓國最強法人交易員的獲利關鍵》中有說到，騎上奔跑的馬是進場的第一原則）。買進的時機，則是在開盤後的一小時之內，所以要在非常短的時間內做出判斷。讀過《韓國最強法人交易員的獲利關鍵》並從中學習的投資人，應該都會說，想要仰賴進場第一原則來購買股票，但卻很難在短時間內做出判斷。沒錯，因為我們要騎上一匹正在奔跑的馬，所以判斷必須要快，動作必須要迅速。

只有體能健康才能夠騎上一匹正在奔跑的馬，否則稍有不慎就會落下馬背，因而負傷。對於不熟悉股價強勢上漲的投資人來說，這不是一個簡單的投資策略。這個時候，你也許想問我：「那我們必須要做這麼危險的投資嗎？」其實大部分的收益，都是在股價強勁上漲的短時間內獲得的。使盡全力奔騰的馬，會為我們帶來豐厚的獲利。唯有這樣，目前正在奔騰的馬，就算日後稍作歇息，也還是能再次奮力奔跑。

想要騎上奔跑的馬，就需要強力的體魄和技術，為了搭上這波強勢上漲的股票，我們就必須要了解股價暴漲的特性。總是緩緩走動的馬，很難有一天會突然跑起來，即使是趨勢上漲，在上漲的期間，股價也必須要出現強勁的飆漲，這種股票在休息期間結束，重新上漲之際，就會以長紅 K 線再現強勁的漲勢。也就是說，我們可以透過過往的股價動向，區分出哪一些馬可以奮力奔騰。

等到股價開始向上奔騰，想要再追買就不是一件容易的事了。「騎上一匹快速奔跑中的馬」並不容易，而且一不注意往往就會受傷。當你判斷這檔股票是一隻奔跑的馬，就要在它慢慢開始出發的時候就買進，如果這匹馬跟預期的不一樣，跑不動的話，就要快點下車，選擇其他馬匹。沒有人不愛奮力上漲的股票，但並不是每個人都能成功。

為了騎上奔跑的馬匹，最好透過小額投資持續訓練自己，培養出股票投資體魄中，對於飆股走勢的理解和判斷能力。

下方圖表是海成 DS 從 2021 年 6 月至 12 月的日 K 線圖，觀察特定一檔股票的走勢，也會有所幫助。

| 2021年6月～12月海成DS日K線圖 |

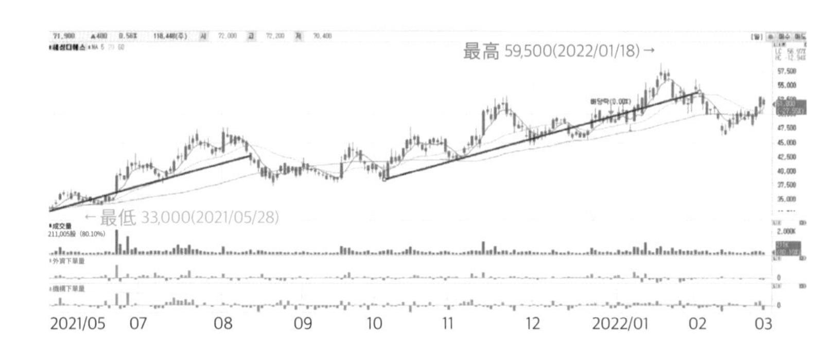

股價一路從 34,000 韓元上漲到 47,600 韓元後進入盤整回跌，又再度從 38,000 韓元趨勢上漲至 53,000 韓元。這兩次上漲，股價都上漲了 40%，但是股價並非持續上漲，而是反覆經歷上漲與下跌。當股價出現短期暴漲的時候，就會有套利的賣壓湧現。假如套利拋售所引起的下跌沒有超過漲幅的 50%，而且交易量減少，就代表上漲時期主要的買家沒有大力出售股票，那麼稍作休息之後，股價就會再度上漲。這個時間點，是大部分投資人攻略的點位，也就是

所謂的回檔進場（《韓國最強法人交易員的獲利關鍵》中有提到，股價休息後又再度上漲，是進場的第二原則）。想要繼續往前奔跑的馬隻，需要養精蓄銳再出發。不過此時我們要注意的是，這匹奔跑的馬隻究竟是暫時休息，還是已經筋疲力盡，打算從現在開始進入長時間的休息。如果因為跑得太快，而需要長時間休息，或者是已經累到再也跑不動，體力已經透支的話，股價就會出現趨勢逆轉，最終開始走跌。從企業分析的層面上來看，以企業的利益增長為基準的目標價，是對於這檔股票能否繼續奔跑的判斷。反之，市場的需求與圖表，是判斷股價在上漲後，後續動向的基準。體力耗竭會使交易量增加，此時要以圖表是否出現陰線而不是陽線來加以判斷。如果在沒有交易量的狀態下，股價連續幾天持續下滑，就代表體力已經耗盡了（《韓國最強法人交易員的獲利關鍵》中有提到，交易量增加並出現陰線，價格下跌至先前上漲幅度的50%以下時，就是出場的第二原則）。

有一些馬在筋疲力盡之後，需要歷經長時間的休息才能再度奔跑。有一些馬是休息之後還能再跑的馬，也有些馬是已經永遠無法再快馬奔騰的老馬。路途遙遠但跑得太快的馬，也許會需要長時間的休息，就好比因為產業循環或題材而大勢上漲的股票，如果想要再次上漲的話，就必須先經歷長時間的下跌一樣。下方的圖表，是短期飆漲三個月左右，稍作休息又準備重新奔騰的東進世美肯的圖表，以及因為跑得太快，股價走跌了一年多的 Kakao 圖表。

| 2021年12月高點後東進世美肯的股價圖表 |

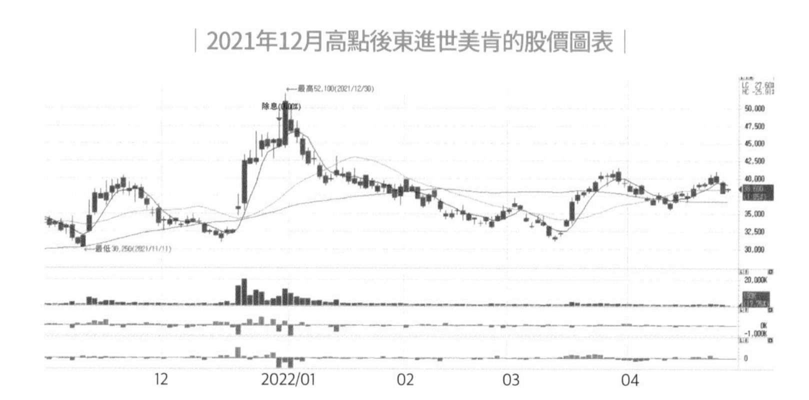

| 2021年6月高點後Kakao的股價圖表 |

企業中長期的成長潛能，會攸關這匹馬休息之後是否能繼續奔跑、休息的時間長短，以及後續還能否再度快速奔跑。被稱為成長股的新技術開發企業，股價普遍會在初期暴漲之後長期走跌。由於下跌的幅度很大，一般都會使用S曲線理論或鴻溝理論來說明。又深又長的下跌，看起來就好似這檔股票再也跑不動了一樣；然而一旦技術被商用化，又會開始強勁上漲。反過來說，由於新技術的出現而遭到淘汰的企業，股價要再上漲的機會很小，或者可能會從市場上被淘汰。股價長時間走跌，但是毫無反彈的跡象，這種被市場冷落的股票，表面上看起來股價很便宜，低價買進後若長期持有，好像就能夠大舉獲利。但是我們很難從體力已經耗竭的馬匹中，找到一檔還能夠再重新奔騰的馬。

如果因為市場行情或供需扭曲，即便眼前是一匹正在馬廄休息，身體健壯的馬匹，也能夠把牠喚來並騎上。但如果原因是企業利益受損，那就必須當心了。由於要區分這件事不容易，所以說在市場上，不要隨便在低檔斷定低點，等到趨勢逆轉之後，在腳踝或膝蓋的位置上買進就好，也就是說，等到確定馬匹重新開始奔跑之後再買進（《韓國最強法人交易員的獲利關鍵》中有提到，長期休兵的股票若某天突然出現大量交易，就要注意有沒有特殊信號，如果出現大量交易與十字線，或是大量交易與長紅 K 線，就是進場的第三原則）。有些長期投資人，會選擇投資長時間休兵的馬匹，但前提是該企業的核心事業和技術不能受到損害，只可以從供需上正在休兵的馬匹中做選擇。如果上錯長時間休息的馬匹，反而可能會造成更大額的虧損。

要選擇和自己的體力相符，也就是在股價動向的判斷與企業價值分析的能力上和自己互相匹配的馬匹。就算別人騎得很開心，也不代表我們就能跟他們一樣。因為短期操盤手，或故意使股價暴漲或暴跌的主力，會使某些股票出現多次漲停，甚至暴漲。下方圖表是 Canariabio（前身為現代飼料）股價暴漲的走勢。

2022年3月暴漲的Canariabio股票圖表

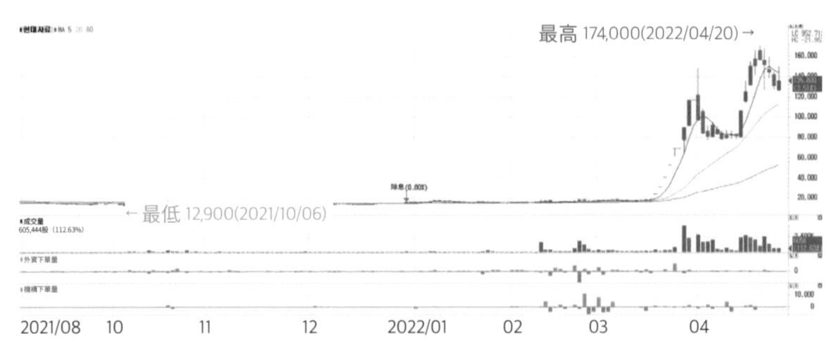

Canariabio 的股票，四年來都維持在 1 萬韓元左右，但

是 2022 年烏克蘭戰爭爆發後，由於發生雞蛋通膨事件，股價在不到一個月的時間上漲了十倍。股票投資人都夢想著能夠抱著這種股票，想要騎上這種奔騰的馬匹。對於一般投資人來說，要因應這種股價動向進行投資，並非易事。如果我們手邊持有的股票出現這樣的上漲，那純粹就是運氣而已，這件事對於會觀察企業價值與股票動向的投資人而言，也一樣困難。若想要騎上這種奔騰的馬，通常結果都不太好。2021 年，美國的迷因股雖然暴漲，但一年之後，這些股票大部分都從高點下跌了 70 ～ 80%。投資適合自己能力的股票動向，並投資適合自己個性的股票，才能夠召喚出好的結果。

熊熊燃燒的烈火

● ● ●

股票投資很難持續獲利。多數的情況下，雖然股票短暫飆漲的區間裡可以為我們帶來收益，但因為我們不知道這個時機點，所以買進之後就長期持有股票。如果能抓準股價飆漲的時機，絕妙地進行投資，就能夠成為富豪。

大部分的專家都建議投資人要投資領頭產業、領頭股，因為當下只有投資領頭股，報酬率才能夠高於市場，也才能夠降低交易時機錯誤所導致的虧損幅度。所謂的領頭股，指的是引領市場上漲，在市場上最受到矚目，而且股價大幅走揚的股票。每個產業上漲的時候，都會有該產業的領頭股。題材股也相同，會按照疾病、戰爭、選舉等社會議題展開題材的市場行情，每當這種時候，裡面一定會有帶動行情上漲的領頭股。領頭股大致上都會暴漲，與其他股票相較之下，領頭股的上漲幅度明顯不同，大概會超出其他股票漲幅約 4 ～ 10 倍以上。

回頭展望最近的市場，2021年的電動車與蓄電池、2020年因新冠肺炎引起的診斷、治療、居家生活相關類股、2019年的5G無線通信、2018年的南北韓經濟合作股、2017年的半導體與科技、2015～16年的製藥、生技與中國內需相關類股，都出現大幅上漲。看著強勁上漲的領頭股走勢，會發現追買並不是那麼簡單，因為當股價已經大幅上漲的時候，領頭股就會塵埃落定，在這種情況下，我們會更害怕稍有不慎就在高點被套牢。我們很難在股價上漲初期就預判這檔股票是領頭股，必須要等到股價上漲到某個程度之後，我們才能認知到這檔股票是領頭股，但是在要買進股票的時間點，股價早已在熊熊燃燒。大部分的投資人都會想要避免買進正在飆漲的股票，因為不想要買在高點，特別是屬性保守的投資人，更是排斥買進已經大幅上漲或是正在上漲的股票。

我認識一位在股票上賺了大錢，在社會上也很成功的友人。以下是我跟他的對話：

我：你最近看好哪一檔股票？

友人：應該要買○○這檔股票吧？雖然它已經漲很多了。

我：這檔真的漲太多了，我覺得有點壓力。買進目前產業處於休息期的○○，然後等它上漲，你覺得怎樣？

友人：面對熊熊燃燒的烈火，如果因為害怕被燙傷就繞道而行，這麼做是賺不到錢的。想買一檔穩定的股票，結果買到一檔被市場冷凍的股票，才真的會被凍死吧。

「買進一檔被冷凍的股票，問題不在於燙傷，而是會被凍死」，我認為這是他可以透過股票投資賺錢的核心之論。太多無謂的思考、過度分析、應該要決定的瞬間卻猶豫不決，這些傾向都會使我們無法邁向成功的投資。如果你總是會避免投資強勢的股票，很有可能是因為保守傾向所導致的。迅速賣掉強勢的股票，卻長期持有弱勢的股票，這也很有可能起因於保守的屬性。跟著人群的資金流向做投資，是所有理財的根本，但是在真正要投資的時候，我們卻會啟動規避風險的傾向，轉而投資看起來更安全的股票。

半導體正在走揚，但卻抱著製藥股；金融股正在走揚，但卻抱著技術股。失敗的投資人經常會發生這種情況，因為他們在產業強勢的時期，有過在高點被套牢的經驗。雖然在高點被套牢也是一種問題，但是在剛開始進場的時候，就盯著股價已經大幅走跌的股票，這也是嚴重的投資失利原因。因為半導體上漲的時候，製藥股會走跌，所以他們感到製藥股比較便宜，而當金融股上漲的時候，技術股的股價則看起來像被低估。但市場的資金早已轉移，並且在其他地方創造著收益，而這種行為，就好像獨自一個人停留在沒有任何買氣的地方。

想了解股市與個股的走勢，就必須要徹底觀察資金的流向。即便景氣不好，只要向市場投注資金，股價就會上漲；即使景氣良好，但金融緊縮的期間內，股價還是會下跌。資金的流動會創造出行情。2020年新冠肺炎大流行之下，KOSPI從1,439點上漲到3,316點，是因為中央銀行的金融緩和政策、政府的新冠肺炎金融援助、散戶的新資金注入市場等因素，導致有大量資金流入市場而引起。資金的動向，會決定強勢的產業與股票，有資金流入的地方就有收益。因為有買進的資金流入，領頭股才會強勢上漲。單看價格的動向，投資人會產生恐懼感，但如果把焦點放在資金的動向，就會看見未來的價格，而不是現在的價格。

適合度景觀理論

● ● ●

所謂的適合度景觀（Fitness Landscape）理論，意指「生物物種被特定環境（景觀）所包圍，可以透過適應環境達到生存」。A 物種在目前的景觀裡，雖然處於最上峰，但隨著競爭者增加與環境改變，不知不覺間，他處出現了更高的山峰，而在那個地方有 B 生物在堅守著，為了要征服這座高山，就必須更加提升適應的強度。青蛙的舌頭為了捕食蒼蠅，進化成黏稠狀，而蒼蠅為了不被捕食，則進化成了光滑的皮膚。股票市場裡，我們總是會遇到和過去完全不一樣的新環境，雖然我們會用過去的數據來解讀正在到來的環境，但是新的變數卻總是出乎我們的意料。我們雖然需要根據新環境進行分析，但卻總是在事過境遷之後才能做出正確的判斷。

圖表分析也是從過去以來，持續在變化。數十年來，二十日均線總是被視為是股價趨勢的中心線（生命線），我們一直以來都相信，如果股價得到支撐，趨勢就會維持，如果跌破支撐，趨勢就會逆轉，就必須賣掉手中的持股。人們的信任提升了二十日均線交易法的準確率。但是隨著歲月流逝，跌破二十日均線後，股價仍然上漲的情況變多了，漸漸地，信任二十日均線的投資者變少了，準確率也下降了。圖表分析師引進了一套「欺騙型態」的概念，意味錯誤的交易信號會使股價出現短暫的欺騙型態，在欺騙型態結束後，股價還可能繼續上漲。他們為了判斷欺騙型態，開發了各種輔助指標，努力辨別眼前的動向是真正的趨勢逆轉，還是一時的崩潰，在這樣的進化當中，開發了無數的輔助指標並使用著。

當我們依照景觀理論，按照安全的地形、崎嶇不平的地形、險峻的地形分出股票的類型後，就需使用不同的分析工具與投資策略。安全的地形是相對穩定的產業類群，也就是電子、能源、汽車、食品等。他們的收益結構與景氣循環相互連動，所以可以進行結構性的預測，上漲和下跌的循環也較慢，所以我們可以使用比較傳統的趨勢交易法來應對。基於艾略特波浪理論或道氏理論的技術分析就屬於這個範疇。

崎嶇的地形，是需要迅速適應技術發展與社會變化的產業。電子業中需要技術能力的系統半導體、電動車、屬於非傳統能源的綠能……等產業，就屬於這類型。它們雖然會受到景氣循環影響，但是它們必須利用技術發展，妥善適應正在進化的社會變化，而且企業要能與市場連動並成長。由於改進和創新很重要，所以必須在傳統技法上，再額外參考威廉・歐奈爾的成長股投資法等諸如此類的策略。創新高交易法與杯柄形（Cup with handle，一張帶有杯柄的杯形圖表上，杯柄的部分是最理想的進場時機）等這類的投資方法很重要。

險峻的地形，指的是不確定性高，正在大幅且快速進化的產業，例如自動駕駛、金融科技軟體產業、生技、宇宙航太與應用新技術的科技……等。這種產業會不斷發生快速的成長與失敗，所以股價走勢的山峰與山谷都很深。投資這種產業必須要擺脫傳統的投資技法，必須利用S曲線或鴻溝理論，依照情況定義出適合的因應原則。

投資不同地形的股票，報酬率也會有大幅差異。擁有十倍以上投資報酬率的股票，大部分都來自崎嶇或是險峻的地形。因為崎嶇，所以投資的應對也比較困難，風險也比較高。這種股票很難用艾略特波浪理論或道氏理論來應對，用緩慢的分析道具，沒有辦法解釋快速波動的股價，而是應該使用短期動向的角度或速度來因應（《韓國最強法人交易員的獲利關鍵》中有提到，時間、價格、交易量、動向、停滯、速度等六大屬性）。反過來說，會依循景氣與產業循環的循環股，就可以使用傳統的分析工具來因應（《韓國最強法人交易員的獲利關鍵》中有以支撐與壓力、突破、趨勢、型態作說明）。循環會創造趨勢，在創造趨勢的過程中，就會遇到支撐、壓力與突破的情況，在那種情況下，我們應該抱持著判斷的原則，做出適當的應對。

過去的分析方式絕對無法解釋新的環境，分析的方法必須要符合已經改變的環境。大型股與小型股的股價動向也截然不同，大型股大致上可以使用傳統的圖表分析來應對，但是波動性高的小型股，就必須使用波動性分析工具來加以應對。市場趨勢走揚、趨勢下跌，處在箱型狀態、暴漲與暴跌的時候，都必須使用不同的圖表分析方式。我們必須依照市場的狀況、股價的動向，適當地使用分析工具。股票市場上沒有所謂的「公式」與「絕對」，順應和靈活很重要。

從投資人心態中讀出交易時機點

● ● ●

當我們判斷一家企業目前的利益開始增加，而且未來收益還會持續增加時，就會買進；反之，當股票估值已高估，或是成長價值不再時，就會觸發賣出的時機點，這就是交易的基本原則。但不論在何種情況下，買進時都要盡可能買得便宜，賣出的時候則是要盡可能賣貴。

在韓國，股價一天可以漲跌 30%，所以根據交易當下的判斷，報酬率可能會大有不同。有可能抱著股票等了好幾個月，最後以 20%的報酬率賣出股票，但結果賣出後，股價又馬上再漲了 20%；也有可能因為覺得股價便宜，結果買進之後，當天股價又繼續走跌，一天就虧損超過 10%。比起持有股票的期間，交易當下的判斷對報酬率的影響可能更是深遠。交易技術會對報酬率造成偌大的影響，交易的時機也時時刻刻都在改變，因為投資人的心態會根據狀況而變動。

在牛市裡，想買進的情緒較為強烈；在熊市裡，想賣出的情緒較為強烈。所以說，如果想在牛市裡低價買進股票，就只能在等待的過程中，瞭望著走揚的股價。就算是牛市，大部分的股價在早上開盤也會持平或開低，這個時間就是進場時機；反之，熊市要等到收盤的時候，確認好買進的數量和陽線再進場。就算是熊市，上午的股價也會因為想進場的投資人而出現反彈，但是在熊市裡，由於想賣出的情緒較為強勁，所以股價若只是稍微上漲，馬上就會出現賣壓，使股價在盤中走跌。倘若我們在上午股價走揚的時候進場，就會因為盤中股價走跌，導致剛進場就從虧本出發。所以說，如果到了後半盤，確認完股價動向，發現當天不會出現強勁反彈的時候，就必須再度等待隔天有無進場信號。但是，倘若當天股價出現長紅 K 線帶動逆轉，後續就會產生買進的力道，使股價進一步上漲，所以最好在下午快收盤的時候再買進。

賣出的情況則恰好相反。在牛市，賣出股票的時機不是早上，而是要等到尾盤。在牛市裡，股價在早上雖然可能會因為交易攻防戰而下跌，但是因爲牛市裡的買進情緒較為強烈，所以很多情況都會在盤中再度走揚。如果在早上把股票賣掉，很可能會經歷只能眼看著股價進一步上漲的損失，而如果是當天以陽線收盤的話，隔天股價也還會進一步上漲。如果抓錯出場的時機，就會可能會錯失股價進一步上漲所帶來的收益。所以說，在牛市裡不要急著在上午賣出，先觀察一下盤中的走勢，如果是以陽線收盤的話，就不要賣出股票，如果是以陰線收盤的話，再把股票賣出。

反過來說，熊市應該在早上賣出股票。即便我們處在熊市，但上午還是會有很多因為低價買潮，股價出現反彈的情況，這時候就應該賣出股票，如果稍有猶豫的話，股價很可能就會快速走跌。當賣出的機會來臨時，就應該要果斷賣出股票。如果沒能買進，只是損失機會成本，但如果錯失賣出的時機，那就是實際資產的減少了。如果下定決心要賣出股票的話，在熊市的時候千萬別猶豫，最好在早上賣出。

雖然上述我是按照情況，以牛市和熊市為例講解，但是股票無論市場行情如何，也會分成強勢股和弱勢股。強勢股的判斷方式跟牛市一樣，弱勢股的判斷方式則跟熊市一樣。強勢股應該在上午交易攻防戰的時候就立刻買進，站在五日均線上走揚的強勢股，上午處於弱勢後就會立刻逆轉而上，原因在於已經有很多投資人在等著買進了（《韓國最強法人交易員的獲利關鍵》中的進場第一原則）。如果花一整天的時間觀察暴漲的股票，想要從中把握時機，股價很可能就會因此上漲，機會就從你手上溜走。假如盤中股價下跌，給了你一個可以低價買進股票的時機，也絕對不是什麼大好時機，這代表賣方力道轉強，所以股價後續很可能進一步走跌。就算是強勢股，如果在下午轉弱，並且交易量增加的話，就必須賣出（《韓國最強法人交易員的獲利關鍵》中的出場第一原則）。但是強勢股比起下跌，更經常上漲，所以強勢股的買進時機必須是上午，賣出時機必須是下午。

相反地，弱勢股的賣壓已經湧現，在這種情況下賣出的判斷要快，應該在上午出場。「等到下午股價稍微反彈的時候再賣」，如果你抱持著這種想法，最終會招致以更低的價格賣出的結果，或許這就是錯失賣出時機，無法把股票賣出，結果導致虧損擴大的主要原因。假如股價在上午交易攻防戰的時候出現上漲，就應該馬上賣出股票。反過來說，如果想要買進弱勢股，就應該要耐心等到下午，由於此時賣出的情緒很強烈，股價回漲可能會使賣壓持續湧現。買進弱勢股的時候，要先確實確認好股票轉強的供需面與投資情緒。所以說，我們必須要觀察整個大盤的趨勢，如果盲目地在早上買進股票，結果下午股價走跌，那就會面臨虧損了。

前面我已經以牛市、熊市，以及強勢股和弱勢股，分別解釋了進場的時機。在上午買進牛市裡的強勢股，投資的成功機率才會高。至於熊市裡的弱勢股，即便收盤的時候交易量增加，出現陽線，也必須再額外確認主要投資者與市場的狀況。在市場崩跌的熊市裡，選擇崩跌股的進場時機時，要確認市場的進場進號和股票的進場信號，是否同時出現。在牛市裡，雖然上午之前我們必須先找好弱勢股，但是在這之前，股票也很可能因為供需而轉為強勢。反過來說，熊市裡的強勢股，可能會出現不同於市場的走勢。牛市的弱勢股、熊市的強勢股，可能會出現與市場的脫鉤現象。但是，股票通常無法戰勝市場。由於個別的小型股可以藉由少數資金的力量而波動，所以投資情緒可能會隨之增溫，但是大型股就很難有這種變化了。至於大型股，又更需要檢查市場行情和個股。

股價的上漲，會反映出買方的心態，下跌則會反映出賣方的心態，心態會帶動需求，供需會撼動股價。當投資人想立刻買進股票的心態較為強勁時，就應該快速買進、慢慢賣出，但是當投資人的心態不佳的時候，應該要快速賣出、慢慢買進。恕我再次強調，錯失進場時機，錯失的只是獲利的機會；錯失出場時機，就是委託資產的減少。趨勢上漲的股票，很多時候都會在最後上漲的時刻火花四溢，股價暴漲，如果不能把這次的上漲與獲利連結起來，就很難取得大筆獲利。趨勢下跌的股票，也會在最後的低檔暴跌，如果猶豫不決遇上暴跌的話，就會在短時間內面臨大額虧損。從開盤後與收盤前的交易，會對報酬率造成若大影響的這點來看，交易的技術著實重要。

想賺大錢的心態

●　●　●

群眾是投資人的集合體，而股票市場會根據群眾的判斷，產生需求的變化。市場與景氣相互連動的判斷，就是根據對未來景氣的預估，買進或賣出股票。當利率上漲，高估值的股票被判定為會走跌，投資人就會賣出被高估的成長股。在實體經濟表現不佳的情況下，隨著利率下調與直接強化市場資金流動性的政策推出，投資人就會依照流動性的行情做判斷，買進股票。當群眾認為經濟放緩，陷入停滯期的時候，大部分投資人會賣掉景氣循環股，集中投資在與景氣無關的個別小型股上。多數情況下，這些判斷都基於過去經驗所建立的理論，或者是脫離不了機械式投資為主軸的全球投資銀行強大的供需面理論。即使投資人現階段懷疑這個投資判斷可能有誤，但也很難與立刻就會漲跌的股價背道而馳，反而只有跟著市場走，才能夠生存下來。

據說，黴菌在營養成分豐富的時候，會獨立以個體行動，但是在獵物減少的時後，就會聚集成一大塊，因為只有這麼做，牠們才得以生存下去。資金流入市場的時候，股價會上漲；流出的時候，股價會下跌。如果在氣球裡面注入氣體，氣球就會開始膨脹，令人感覺隨時會爆炸；然而一旦開始放氣，氣球就會開始萎縮。股票市場的泡沫化與崩潰，一直反覆著這樣的行為。當金錢集中到高成長的技術股，傳統的價值股就會萎靡不振；當利率調漲的時候，金錢又會從成長股中移出，流向價值股。與趨勢相互連動的全球風格基金，會製造出產業與股票的循環週期。就像是黴菌會跟著環境變化，為了生存而改變一樣，股票投資人也必須要跟金錢動向的變化相互連動，改變投資的方法。

我們可以透過交易量得知資金的動向，當市場資金豐沛且許多股票都在上漲的時候，資金的流動並不明顯。然而當氣球裡的空氣開始排放出來的時候，流動就會非常明顯。假如市場陷入脆弱的情況，無關景氣或產業循環，光是資金的流動就可以大幅影響股價走勢。浦上邦雄曾說，當市場觸碰到高點，整體趨勢開始走跌的時候，低價股、沒有流動性的高價股、趕流行的迷因股等股票，就會變得強勢。觀察這些股票的動向，我們就能從中理解市場與股價動向的本質。

2022 年上半年，市場開始快速崩跌。美國受到強勁的升息、量化緊縮、惡性通貨膨脹、烏克蘭戰爭等因素影響，市場需求急遽銳減。讓我們來看一下，在這種時期底下，會依照需求面發生波動的股票特徵吧。

| Knotus日K線圖 |

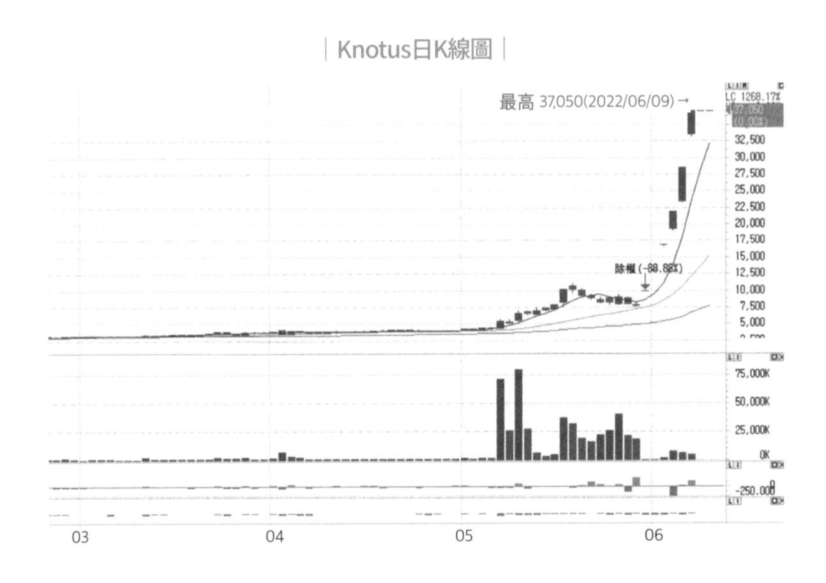

這是 Knotus 的日 K 線圖。Knotus 是一家進行動物臨床實驗的 CRO 企業，隨著 Knotus 公開宣布將會針對每一股的股票發放 8 股的無償增資，股價在短時間內上漲了十倍以上。雖然 Knotus 的存款準備金比率很高，但因為這不是

一家銷售或獲利強勢的企業，所以很難預測到會出現這種程度的暴漲。不僅如此，無償增資會依照增資的比率，發生除權的跌價，因此資產價值不會發生變化，企業價值也不會有所變化。但是除權所引發的股價下跌，會讓投資人在心態上產生股價很便宜的「錯覺效應」，並認為無償增資是「利多」，反而股價經常會因此短暫上漲。但是股價暴漲到十倍，這已經可以說是超乎常理的走向了。我們可以從 Knotus 暴漲當時的圖表上，看到當時出現了不正常的交易量。

| Knotus日K線圖 |

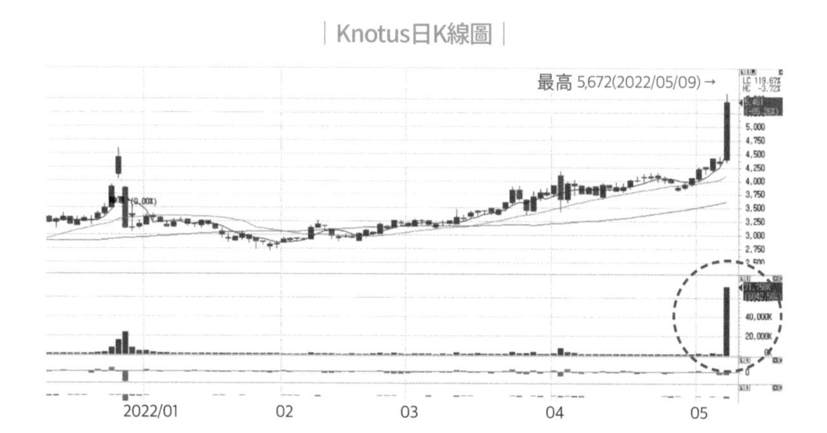

下圖是 Motrex 的日 K 線圖。Motrex 是一家汽車零件公司，總市值只有 1,000 億韓元左右，但是隨著自動駕駛的成長開始嶄露頭角，大量交易帶動了股價上漲。

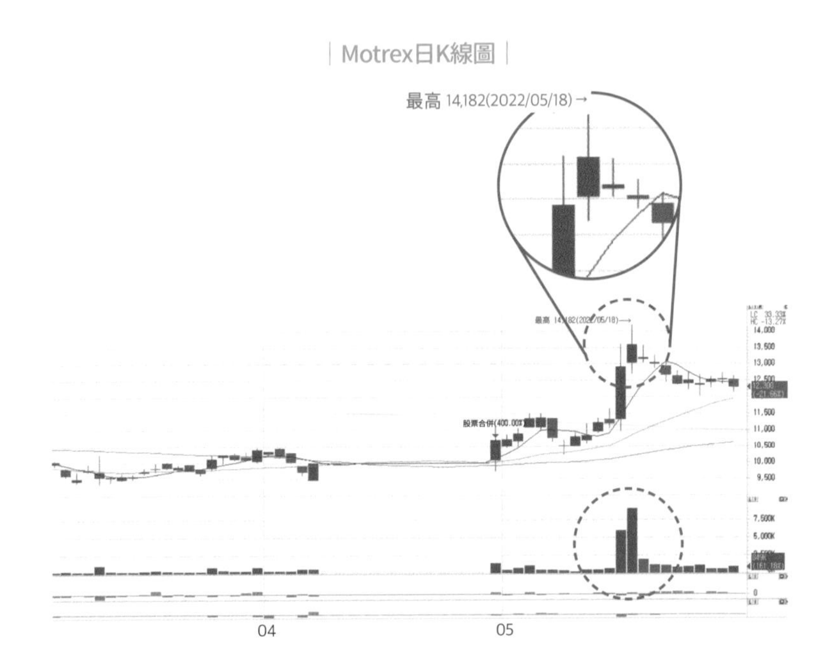

Motrex日K線圖

從上圖我們可以看到，大量交易與長紅 K 線使股價出現異常的波動，接著交易量減少，股價以短 K 線波動，進入平穩的狀態，看起來一時之間的波動即將收尾，但是股價卻又再度暴漲。

再度暴漲的Motrex股價走勢

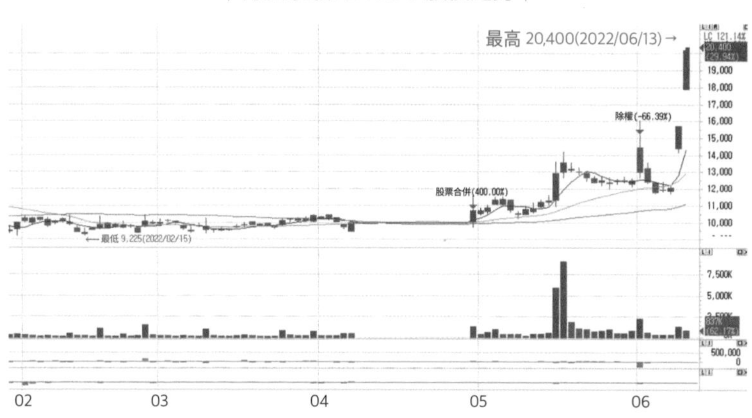

韓一飼料暴漲前的交易量與股價動向

上圖是韓一飼料暴漲前的交易量與股價動向。股票會因

為不正常的交易量，而引發股價漲跌（專門投資這種股票的人，把這種股價動向稱為是確認買壓與賣壓的作業）。

最終，韓一飼料因烏克蘭與俄羅斯戰爭所導致的糧食危機，在市場崩跌的期間裡，暴漲超過七倍，即便被證交所標記為「警示股」，股價仍然不斷飆漲。

讓我們再來看幾則股票暴漲的案例，看看當時的情況與股價的動向。這些股票的特徵是總市值很低，銷售與獲利的絕對值並不高，不在機構投資人的考量之內，企業成長的動能也不足，雖然被市場冷落，但是擁有可以成為題材股的事業內容。當然，比起牛市，他們的表現在熊市裡會更加突出。在世界處於混亂的狀態下，多半會因爲新聞或政策而引發這種情況。這部分，我的目的不是要解釋這些企業的內容或市場的狀況，而是想要帶大家一起看看，當股票出現不正常且特殊的交易量，股價也會隨之產生獨特的走勢。如果能夠從這些走勢當中發現共同點，就有助於我們了解股價動向的特徵。我們雖然會為了交易暴漲或暴跌的股票而深入學習，但如果了解這些股價的動向，在面對大型股、績優中小型股、外資與機構交易的股票時，我們就得以判斷出更具體且更細微的交易時機。

Speco 的股票在交易量暴增、出現長紅 K 線後，交易量又再度減少，以短 K 線維持著平穩狀態，主力則偶爾會進場拉抬股價。股價短期暴漲後走跌時，假如收購股票的主力沒有賣出股票，這樣的線圖就表示這檔股票日後還有可能再暴漲。但倘若主力在股價暴漲後，開始慢慢賣出股票，稍有不慎很可能就會成為他們的韭菜。

| Speco圖表 |

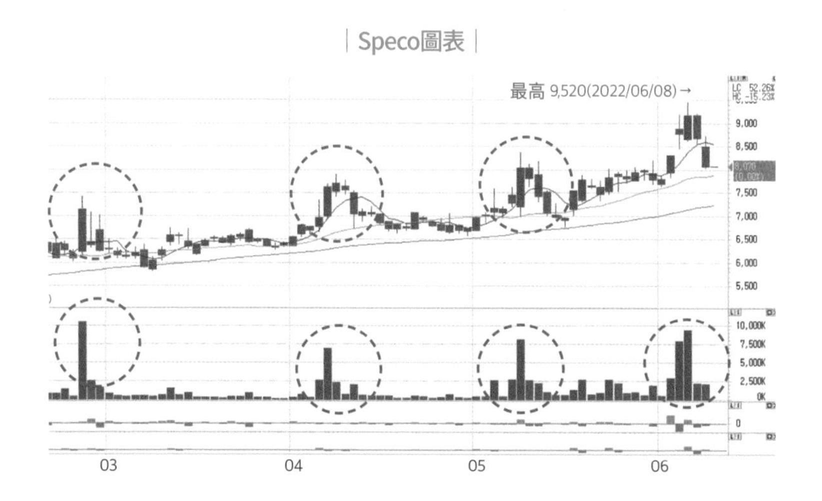

下圖是 Singsong Holdings 的日 K 線圖。這檔股票原本是幾乎沒什麼交易量的冷門股，但某天卻突然出現不正常的大量交易，股價暴漲。

| 2022年3月 Singsong Holdings日K線圖 |

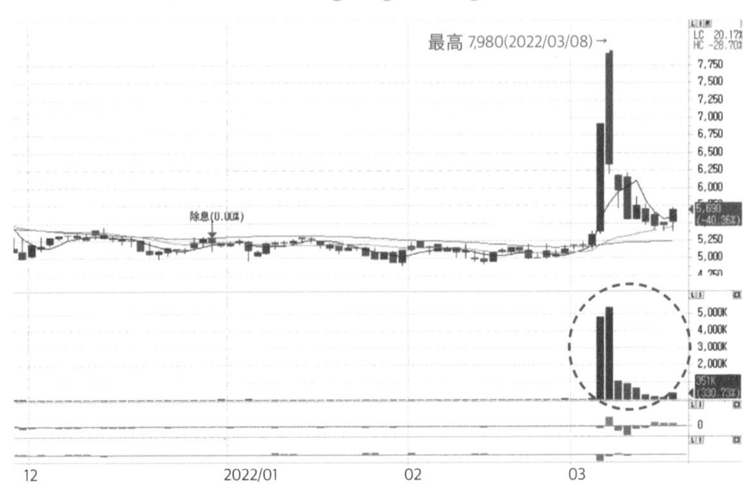

Fine Digital 是典型的短期交易人的目標股。突如其來的大量交易與長紅 K 線，但是在高點形成後賣壓湧現，拉長了上影線。從圖表上看來，這檔股票是先散播謠言提高股

| 看起來像是短期交易者目標股的Fine Digital圖表 |

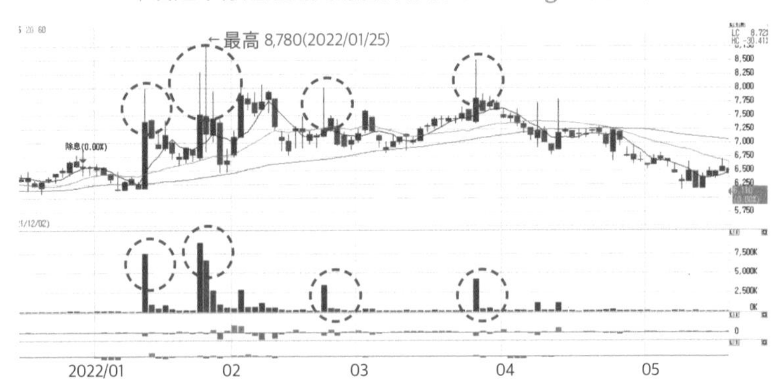

價，再從高點套利拋售的超短期交易人的目標股。

下圖是韓進重工業控股的日 K 線圖。整體的走勢跟 Fine Digital 很相似，但是整體股價逐漸在拉抬，這種類型的走勢，是因為買方沒有立刻全數拋售股票，而是繼續持有。隨著股價持續走揚，如果買方產生信心，就會試圖讓股價暴漲，如果沒有產生信心，就會維持暴漲後反覆進行利差拋售的模式。

| 2022年 2～6月韓進重工業控股日K線圖 |

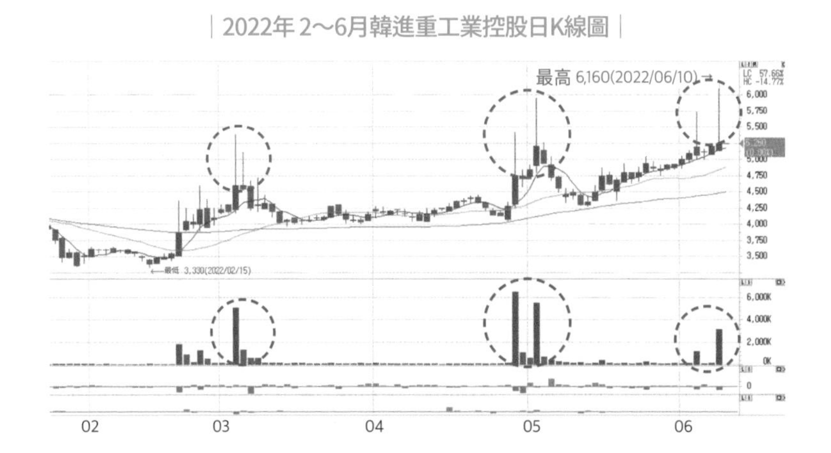

到目前為止，我們又額外看了幾張發生特殊交易量的圖表。我沒有解釋這些股票是因為任何動能導致交易量增加、引發股票飆漲、哪些是主要買方引領了價格走勢，也沒有

講述任何企業價值，我也不建議交易這種類型的股票。我想說的，只是市場的短期交易者偏好波動性較大的股票，並讓大家一探這些股票的走勢與交易量之間的關聯性。所謂的操盤股型態，跟這種股票類型沒有太大的差異。交易量會顯示出投資人的動向，股價走勢則會顯示出投資人的心態。我們雖然看過了幾個案例，但現在我們終於了解到，股價要開始波動，最重要的就是交易量。

在這個章節裡，我們看過的股票，都是在市場上比較冷門，或是總市值較低的股票。那麼我們熟知的大型股，或是人人都愛的成長股，在股價動向方面，跟這個章節裡提到的股票有不同嗎？反而更加明顯。2021 年秋天以後，三星電子已經持續走跌超過一年，許多節目和文章都在討論「三星電子什麼時候會觸底反彈？」這個問題是對宏觀市場、半導體循環與三星電子的收益預估和細部事業展望有關的分析，但是對於只看圖表的投資人而言，卻非常簡單。如果交易量增加，價格逆轉開始上漲，低點就會成形。不管是哪一檔股票，「一定要有人買進」股價才會上漲。交易量會反映出這些人的收購行為，K 線會反映出這些人的交易心態。不管交易哪一檔股票，以交易量為基準進行判斷，是股票投資的「大原則」。

《韓國最強法人交易員的獲利關鍵》裡有提到，當股價大幅上漲後，若交易量增加，且出現陰線（十字型），就有可能是趨勢逆轉，是出場的第一信號。反之，當股價大幅下跌後，若交易量增加，且出現陽線（十字型），趨勢就可能逆轉走揚，是進場的第三信號。在交易的信號裡，價格與交易量就是基準。大部分的交易人都盯著股價看，但是老練的操盤手卻在分析著交易量。

斑馬不會得胃潰瘍

●　●　●

在遼闊的非洲大草原上，住著和和睦睦吃著草的斑馬，以及在周圍徘徊著的獅子。在隨時都可能被獅子獵食的情況下，斑馬群依然毫不擔心，悠閒地吃著草，這是因為斑馬對於獅子進攻的情況，在本能上已經有了系統性的認知與應對機制。一旦發生危險，就按照情況加以應對，等到危險的情況解除後，就把一切拋諸腦後，回歸日常生活。美國史丹佛大學的心理學者羅伯·薩波斯基（Robert Sapolsky）認為，斑馬是因為有這種習慣，所以才不會得胃潰瘍。

相反地，人類不但無法忘記人與人之間的衝突，還會擔心未來即將面臨的不確定性，所以不斷生活在壓力之下。他說現代人的不幸福，來自於物質主義與對未來的擔憂。這世界主張，只有獲得經濟上的自由，才能夠變得幸福。因為勞退年金即將破產，所以政府不會為我們老後的生活負責，我們必須要申辦個人年金儲蓄；為了健康，我們必須要按時接受健康檢查，加入跟各大疾病有關的保險。

「斑馬不會得胃潰瘍」，這句話經常在心理學家的講座上被引用，說的就是要確實活在當下，感受幸福。這個比喻也很適合用在股票投資人身上。本書裡提到，股票圖表是反映出投資人心態的結果。如果在持有股票的這段時間，總是一直擔心股價下跌，那麼投資人將會飽受胃潰瘍之苦。假如參與其中的投資人，一看到股票線圖上出現陽線就買入，但馬上開始擔心股價會走跌的話，那我建議倒不如乾脆不要買進。如果對一時之間的下跌都感到擔憂，那麼過不了多久，一定會賣出股票。

我們無法得知股票今後是漲還是跌，這些都只是投資人個人的判斷而已。我們只是跟著自己認為股價會上漲的判斷而買進，跟著自己認為股價會下跌的判斷而賣出。目前市場上的投資人「正在買進、正在賣出」，只有這個才是客觀的事實，如果刻意迴避客觀的事實，往往就會錯過交易的時機。發生危險卻不做任何應對的斑馬，最後就會被獅子吃掉。在獅子毫無想法的情況下，斑馬若是因為擔心隨時可能會被吃掉而戰戰兢兢，連草都不敢吃的話，最後不是會餓死，就是會因為嚴重的壓力而患上腸胃道疾病。如果有一本優秀的指南，讓我們知道如何應對市場的波動，那麼重點就只剩下按照情況迅速做出應對了。

陽線、陰線、交易量、盤中投資人的成交力度，就是為想交易股票的投資人，所提供的指南。圖表分析只不過是利用過去的股價動向，來推測未來類似的走勢，並不代表未來就一定會這樣，機率也會根據情況、股票、流行而發生改變。只不過比起走在漆黑的道路上，投資人想看著路標前進的心態，多半會製造出這樣的圖表。雖然人們的心態隨時隨地都在變化，但是不管處在什麼樣的情況下，我們都會傾向以類似的方式解決，從這一點來說，圖表是有用的。市場崩跌後賣壓湧現，賣壓湧現後又因為低價收購潮而暴漲，這些都反映出了心態所引發的需求。

一天要利用好幾次的股價波動進行交易的短期操盤手，雖然看起來好像很疲憊，但收盤之後，他們總是會變得很平靜。雖然他們在交易的瞬間發揮了專注力，但大多數情況下，交易結束後他們甚至不記得自己交易了哪些股票。操盤手在市場結束之後，也會享受著自己喜歡的日常。他們不需要擔心市場明天是漲還是跌，他們只不過是根據自己定義好的進出場信號，機械式地在交易罷了。

即使我們不是短期操盤手，手上有股票的投資人就必須要按照是否繼續持有、是否分批出場、是否分批進場設定好標準，製作出一本技術指南，這是在投資組合和資產管理上，非常有效的方法。《韓國最強法人交易員的獲利關鍵》中有提到，股價大幅上漲後，如果交易量增加，且出現十字線或是陰線時，就要進行第一次的分批出場，當交易量在二十日均線附近增加，且陰線變大的話，就要全數出場。即便賣出股票後又立刻出現進場信號，先賣出再做判斷，還是可以有效達成風險管理。當股價大幅下跌，接著出現十字線或是陽線時，就至少要先部分進場，這屬於《韓國最強法人交易員的獲利關鍵》中提到的進場第三信號。如果買進股票之後，就出現強勁的出場信號，即使是立刻賣出，也要建立好原則，跟著原則走。交易原則就好比是斑馬受到獅子攻擊時的因應指南。出場信號出現的時候就賣出，進場信號出現的時候就買進，只要建立並遵守這樣的原則，就不會被影響市場行情的世間萬事給牽著鼻子走了。在預估未來股價走勢的時候，也不會過於興奮，也不會因為壓力而失眠。能如實分析圖表，按照目前市場交易的狀況為基準做判斷的投資人，是最能有效運用股票圖表的投資人。

隨著市場供需改變，危險正在發生，在這種情況下還怡然自得地吃著草，就不是一個正確的應對方式了。成功投資人的交易要領在於建立原則，並且努力遵守，因為他們在回顧的時候，發現大額的虧損都是在沒有交易原則，或是不遵守自己的原則之下所導致的。即便他們會不斷經由覆盤確認自己是否有保持理性，但是各種模糊不清的心態，導致自己無法遵守交易原則（指南），才是造成虧損的最大原因。

直覺與理性的思考

● ● ●

《快思慢想》的作者丹尼爾・康納曼（Daniel Kahneman）說，人類是不完美的存在，在有限的資訊底下，容易因為心理因素而做出扭曲的選擇。他還補充解釋，「人類在做判斷的時候，會由掌管直覺與本能的系統一，以及掌管理性思考的系統二所組成」。系統一判斷快速、自動、無意識，但容易失誤；然而，系統二判斷較慢、有意識、有邏輯，因此是可靠的。我們的日常生活，幾乎都不需要特別努力，就能夠順暢運作，但是有些問題卻需要經由複雜的思考和分析做判斷。總而言之，我們會利用直覺與本能以及理性與邏輯這兩套彼此相異的系統，在相輔相成和衝突之間做出判斷。

幾乎所有投資人都相信自己會做出理性且合理的決定，但實際上並非如此，股價的異常漲跌就可以為這句話佐證。市場週期性製造泡沫，又再度泡沫化的過程中，我們看著令人困惑的經濟體系，也只能接受「人類總是不合常理」的這句話。進行股票投資的判斷時，如果你認為系統二扮演著絕對性的角色，這也是錯的；因為邏輯和理性的判斷，並不會對投資報酬率造成絕對性的影響。雖然說我們的失誤，大多都源自於「本來就是這樣」、「經驗上來說是這樣」、「不用想了理所當然就是這樣」等諸如此類的直覺行為之上。儘管如此，想要排除直覺，盡可能只仰賴理性與邏輯做判斷，反而會使實戰投資上的投資決策變得更加困難。

讓我們把範圍限縮到圖表分析上，思考一下直覺與理性判斷的優缺點吧。人們常說：「如果想要不犯大錯，持續獲利，就應該要成為一個可以排除情感因素，機械性執行交易的操盤手。」對於搶帽客或當沖操盤手而言，這更是一個共通的課題。操盤手的夢想是，把自己的投資原則製作成演算法，機械式自動交易創造獲利，因為實戰投資裡的虧損，大部分都是因為不遵守原則而造成。出色的操盤手，會利用價格、交易量與均線建立最基本的原則，並帶入數千種的輔助指標，尋找最佳的結果值。當他們選出結果最好的輔助指標之後，就會更改變數進行模擬，計算出最佳的結果。接著他們會把最佳的指標和變數製作成演算法，經過後台測試，利用幾個自己非常滿意的邏輯來進行實戰交易。

上述就是徹底由系統一掌控的投資方式，長期以來，投資人們都一直在研究這種交易方式，在現實中也被應用在各個領域上。但是這個時候，邏輯上所應用的指標和變數愈多，結果就愈差。如果把世界上所有的指標都放進來的話，甚至很有可能檢測不出結果值，即使有找到這樣的股票，在實戰投資的報酬率與虧損率也會分別收斂至50%。當獲利與虧損的機率為50%，這就是沒有意義的結果值。

再讓我們思考一下，用價值指標來建立邏輯的情況吧。如果把搜尋條件設定為近兩季營業利益與淨利有持續增加的企業，搜尋出來的結果會非常之多。此時，如果再加上營業利益率20%以上的條件，搜尋出來的項目數量就會減少，如果想要搜尋到更優秀的結果值，再繼續加強條件的話，最終就會搜尋不到任何股票。放寬條件的話，會搜尋到過多的股票；嚴格定義條件，就搜尋不出結果。想要建立邏輯，搜尋到表現優秀的股票，本身就是很困難的事。

實戰投資人，大部分都不是仰賴系統，而是經由自己的理性來分析股票。看到圖表的時候，投資人會想要利用陽線與陰線的價格指標、移動平均線、機構與外資的成交量、布林通道、KD 指標、Sonar、MACD、OBV、RSI、CCI、一目均衡表……等各種指標，來解釋當前股價的狀態。愈是年輕的投資人、愈是非實戰投資者的理論派專家，參考的圖表和指標就愈多。唯有這麼做，他們才可以「安慰」自己，這並不是情緒與直覺，而是理性與邏輯的判斷，然而參考的輔助指標愈多，會使最終判斷變得更加困難。

人們在選擇愈多的時候，就愈難以做出判斷。在 A、B、C 中間做選擇，比起在 A 和 B 中間選一個，要困難上好幾倍。當各項指標無法給出一致的信號時，我們就會無法做選擇。投資股票的過程中，如果為了做出邏輯性判斷，設定了過於複雜的判斷標準，反而有可能招致比只有單一標準時更差勁的結果。如果以二十日均線作為基準，當站在二十日線上方的股價「守住二十日線並開始反彈時就買進，當失守開始走跌就賣出」，只要堅持利用這個標準投資，結果一定可以大舉獲利，這是只要做過圖表分析的人，都能感同身受的標準。只不過投資人無法遵守這個原則，所以就認為光靠這個標準還不夠，又建立並使用了更多標準，結果導致投資失利。

新手作家寫作時會使用艱澀的字句；演講者經驗愈不足，講解的過程愈長，結論也愈模糊不清。這是因為他們沒有足夠的經驗啟動系統一，只能試圖利用艱澀的字句和複雜的解釋，來合理化自己的思維邏輯。股票市場瞬息萬變。如果你想以拿顯微鏡分析不會移動的物體一樣來分析股票市場，就會不斷錯失良機。如果參考的技術指標太多，套用的變數過多，最終就會無法得出結果，或是得到毫無意義的結果。

經過理性與邏輯思維過程所驗證的經驗，可以歸結出非常簡單的結論，而且這個結論會以直覺和洞察力的方式體現出來。我們必須盡可能簡化圖表分析，不要使用「欺騙型態」這種浮動式的邏輯。圖表是反映出投資人心態的產物，在看圖表的時候，最好立刻判斷「現在是買方強勢還是賣方強勢」就好。不理性的直覺雖然會導致投資失誤，但是在分析圖表的時候過度理性的判斷，反而可能驅使我們做出扭曲的決策。

貪婪與恐懼
創造出來的交易量爆增

● ● ●

交易量是買方與賣方成交的總數；一百萬股的交易量，不是指買方五十萬股和賣方五十萬股，而是有一百萬股的買方與一百萬股的賣方達成交易。交易量暴增，意味著賣出數量與買進數量同時暴增。也就是說，大型利多使股價飆漲的時候，我們雖然會以為股市裡沒有賣方，股價是基於買方強力收購才會上漲，但其實賣方也很多。雖然買方認為股價日後將會上漲，但賣方卻在實現獲利。買賣雙方對未來股價走勢的判斷差異而促成交易，最終形成交易量。然而相同數量的買進跟賣出，有的時候股價會上漲，而有時卻是走跌，這是因為股價上漲的時候，是買方提高價格買進股票，而股價下跌的時候，是賣方調降價格賣出股票。

股價飆漲時交易量暴增，源自於貪婪的買方即便用更高的價格，也想要買進股票的心態。反之，當價格下跌時交易量暴增，是因爲恐懼引發賣方抛售。所以說，圖表是反映投資人心態的地方。在投資人因貪婪收購股票的過程中，一部分的投資人選擇套利拋售，在投資人因恐懼拋售股票的時候，他們選擇低價買進。股票市場裡有句格言說：「在恐懼下買進，在貪婪時賣出。」這就是為什麼，在股票走跌的狀態下，只有拋售湧現才會形成低點；在上漲的市場裡，只有投資人開始「不分青紅皂白」地買進後，才能判斷高點。但儘管如此，我們還是無法戰勝這個心態。當市場活躍的時候，投資活動就會變得活躍；當市場停滯的時候，交易就會減少，或甚至放棄投資股票。

下圖是三星電子的月 K 線圖，是可以反映出交易人心態最具代表性的圖表。從交易量上我們可以看到，2020 年 3

| 三星電子月K線圖 |

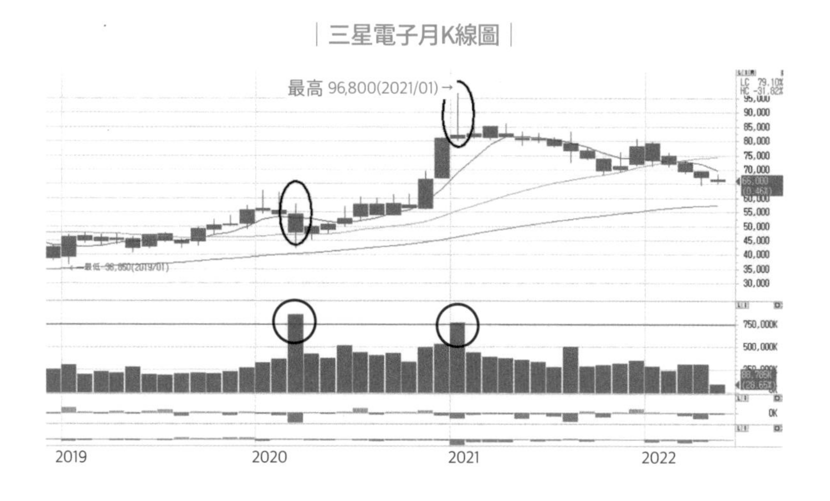

月與 2021 年 1 月，交易量出現破盤暴增。2020 年 3 月是新冠肺炎大流行導致市場崩盤的時候，2021 年 1 月是慢了一些才加入市場活躍期的散戶投資人，爭先恐後買進三星電子的時期。新冠肺炎大流行走跌的期間，拋售性交易成形，交易量暴增，股票形成低點，2021 年 1 月股票投資熱潮達到巔峰之際，股價形成高點。股票崩跌期間內，收購恐慌性賣壓的買方，在當年度市場反彈的期間，又再度將股票賣出。在高點買進股票的買方，大部分都是散戶，截至 2022 年 7 月，他們都已經承受了相當程度的虧損。在股價走跌的期間，大量的散戶進場，然而，外資和機構卻急於拋售股票。

2021 年春天開始投資股票的大多數散戶，都屬於保守型的投資人。因為他們在市場已經超過 3,000 點的情況下，稍晚才進入市場，他們之所以買進股票，不是基於他們個人的投資哲學或原則，只不過是被市場氛圍所驅使而已。當時買進股票的投資人，大部分都只是認為自己應該投資股票，但他們不但沒有經驗，對於企業也不太了解，所以就選擇了市場的代表性股票——三星電子。結果導致三星電子的散戶股東超過五百萬人，而他們大多數都正處在虧損的狀態下，觀望著市場。

下圖是被稱為最具代表性的政治題材股——安博士的日K線圖。安博士的交易量在大選之前出現暴增，股價開始上漲，最終在2022年3月24日出現超出平時交易量10倍的巨量交易，股價形成高點，最後又跌到只剩一半。貪婪的買家進場時，在低檔買進的投資人把股票賣出，因此交易量才會暴增。可以說他們正在進行著心理投資，誘發投資人的恐懼性拋售，接著買進股票，再誘發投資人的貪婪性收購，接著再把股票賣出。

| 安博士日K線圖 |

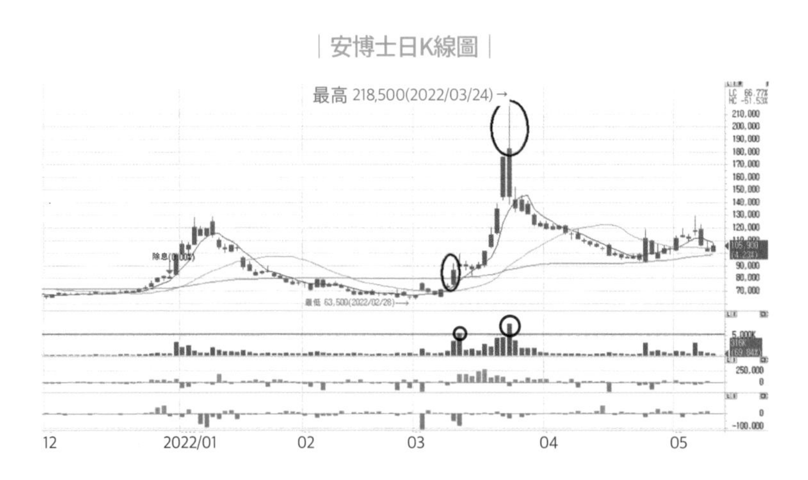

下圖是GnCenergy股價的走勢與交易量。當股價暴漲或暴跌的時候，可以說交易量必定會暴增，這種情況是喜歡暴漲和暴跌股的投資人所引起的。透過交易量的暴增、長

紅 K 線，以及上下長影線，我們可以判斷股票是否有可以撼動股價的特定主力介入其中，而有一些投資人則專找這種股票進行投資。雖然股價會反覆暴漲與暴跌，但是想在短期內創造鉅額收益的投資人，他們的貪婪創造出了這類型的股價走勢。在市場處於弱勢的時候，或是當市場上沒有領頭股與領導者的時候，在低價股與總市值較低的股票上也經常發生這種情況。這就是利用貪婪與恐懼所形成的典型股價走勢。

| GnCenergy日K線圖 |

賺錢的

交易心理

Chapter 6

市場的心態

股票投資是賭博？運氣？還是傾家蕩產？

「股票投資是賭博？運氣？還是傾家蕩產？」這是 2017 年 2 月 13 日刊載在《韓國經濟》頭版上的標題。在標題下方還附加了一條說明，寫著這是一篇摘要韓國股票投資人心態的文章。這篇報導委託一家全球調查公司，以 1,000 名民眾為對象，請他們選出提到「股票投資」的時候，腦海裡所浮現的單字，並基於調查結果完成了這篇報導，其中有 43.1%回答傾家蕩產（歸零）、24.8%回答運氣、7.6%回答了詐欺。但其中最諷刺的是，其中最多人回答的複選答案卻是「理財」。也就是說，結果投資人認為「用股票理財會傾家蕩產」或是「股票投資要靠運氣」。

關於什麼會對投資決策造成影響，受試者的回答依序是財經新聞與證券節目、投資專業社團與社群、友人推薦、證券公司職員與證券公司分析報告。在問到為什麼對於被稱為專家的證券公司職員可信度會下降時，受試者的回答依序是「比起顧客的收益，他們更在意手續費」、「專業性不足」、「曾有過聽信專家建議卻投資失利的經驗」、「因為麻煩」等等。關於證券公司分析報告可信度下滑的原因，回答則依序為「馬後砲分析報告太多」、「只會刊載正向的內容」、「經常發生錯誤」、「用語過於困難」等。

這篇已經是許久之前的報導了，現在甚至還出現了「東學螞蟻運動」一詞，人們對於股票投資的認知已經大幅改變。2020 年開始，韓國股票市場上出現了許多聰明程度不亞於專家的散戶。儘管如此，從迷因股的流行與股價的動向上看來，運氣、賭博、流行、危險等單字，依然存在於這些已經改變的投資人心態之中。

我們無法準確預測股票市場與股價的動向，但是我們可以研究與分析會影響行情的主要指標和企業價值，提高投資成功的機率。IMF 每年都會分析並公布全球經濟成長率，但是有準確過嗎？由全球數一數二的投資銀行所研究和公布的各項經濟指標、國際原物料價格、股票動向總是出錯，為了修正每次都忙得不可開交。

儘管如此，全世界的機構投資人，都還是依照他們提供的分析資料建立投資策略，管理著大規模的資金。對於分析資料的不信任，在散戶之間特別明顯，問題有可能出在「缺乏投資原則」之上。對於連著名的全球投資銀行都無法猜中的經濟走勢感到混亂、對於專家的不信任、對於機構投資報告書的不信任，使得散戶無法把這些資料，當作是建立自我投資原則的基礎資料。在這種情況下，雖然做過各種嘗試，但最終仍無法獲利，使得散戶最終得到的結論是：「沒有什麼可以相信的」、「還是要靠運氣」。

在這個被稱為金錢遊戲的股票市場上，參與者關注的焦點在於誰撼動了股價、誰能夠更快地找到分析資料、誰可以更靠近消息的來源。外資想從韓國投資人身上獲利，機構投資人想從散戶身上獲利，形成了投機心態，最終使散戶認為股票投資是一場「詐欺」。

股票市場存在很多不合理且不妥當的地方，儘管如此，四處在市場長期獲利的投資人，可能持有著不一樣的觀點。成功的投資大師，幾乎清一色都強調著投資哲學和原則的重要性。我們為了建立自己的投資原則，閱讀書籍、聆聽專家的節目。投資的判斷原則、交易的判斷原則，在短期成效上可能差異不大，但是在中長期成效上，最終會創造出優秀的結果。雖然我不知道這是誰、在什麼時候寫下的文字，但是我想要分享一則流傳在網路社群上的投資哲學。

「投資股票，從了解天下事開始。比起使用複雜的金融技巧來看待這個世界，我們應該做的是從常識和協調的角度來接觸這個世界，用這份最純粹的結果，以及最準確且先行的方式，將其反映在投資組合之上。（中間省略）

我們必須知道如何區分好企業與好股票，不可以把壞企業包裝成好股票。想要在股票上取得成就，必須擁有對世界的洞察力。我們誰也不知道誰的觀點是對的，但是我們必須不斷努力，提升正確的機率。」

你要投資還是要投機？

●　●　●

想像一下，如果我召集大家「跟著我一起投機，去買進海外股票吧」，恐怕所有人都會對我投以異樣眼光吧。然而，如果說的是「跟我一起投資海外股票吧」，大家就會自然而然開始思考。在英語裡，投資是 Invest、投機是 Speculate、交易是 Trade。為了短期獲利所做的買賣，明顯就是投機，但我們不喜歡這種負面語感，只是籠統地稱之為「交易」。交易的類型明明分為投資與投機、投資與交易；但是在追求利益的行為上，投資、投機或交易，卻都屬於投資的一環。

想要投資的人，喜歡用價值投資來形容投資，也就是計算企業內在價值與成長價值的投資。但即便是價值投資，也無法擺脫市場行情、情緒與供需。所有投資裡，收益都必須仰賴需求讓價格上漲。期待內在價值上升的投資、利用內在價值與目前價值的乖離進行投機、利用外部環境變動進行交易，對於追求收益的投資人而言，最終都是目的相同的行為。

只不過認為自己是在投資的人，下注的時候比起股價會更關注企業本身。他們不執著於價格的波動，即使股價跟著行情走跌，也必須要堅定不移地關注企業，進行投資。如果因為股價大幅走跌就感到傷心或焦躁，就沒有資格成為中長期的價值股投資人。從某個角度來說，價值投資人不太需要在意股價的走勢，他們認為自己「應對的不是股價動向」，股價會根據「企業的事業進行順利與否」而波動。

然而只看價格下注的投資人（準確來說是投機者和交易者，但由於帶有負面印象，所以我會統稱為投資人），會為了賺取行情利差而進行投機交易。他們必須要盡可能便宜買進，高價賣出，或者是高價買入，再用更高的價格賣出。企業是好是壞都沒有關係，市場是強是弱也沒有關係，只要可以了解股價動向的特徵，掌握可以獲利的機會就好。機構利用期貨與股票現貨的價差進行套利交易，就是為了賺取行情利差最具代表性的案例。個股與股票期貨的利差也可以被交易，當市場上發生不合理的價格扭曲時，也是以好價格下注的機會。2020 年 3 月，新冠肺炎爆發使股價崩跌，當時退休年金就立刻進場收購，在進行了一個月價值超過 5 兆韓元的淨買入後，又在股價反彈的三個月內，全數淨賣出。雖然不知道確切的金額，但應該是賺了不少利差。退休年金是最具代表性的長期投資者，連他們也沒有錯過這次短期套利的機會。當時的這5兆韓元做的不是投資，而是優秀的投機。

即便投資的目標是企業，為了能夠取得短期價格上漲的成績，我們也必須要投資目前正在成長的產業。在企業表現轉好的情況下投資，也能創造短期收益。我們下注的應該是除了穩定成長以外，同時也努力執行著新事業的企業，這樣的企業產品生命週期較長，營業利益率與ROE（股東權益報酬率）也較高。

我想說的是：「不管是投機還是投資，只要報酬率表現良好，用什麼方法都無所謂。」但是針對企業下注，跟針對股價動向下注，在投資方法、交易原則、心態上都完全不同。針對股價下注結果被套牢而進行長期投資，我們稱之為「非自願長期投資」，這種情況大都會以失敗收場，或是必須經歷長時間的磨難。除此之外，如果針對企業投資，但是無法忍受股價下跌就停損，就算這支股票日後上漲超過十倍，你也無法從中獲利。投資的時候，明確判斷好投資的目的、方法與期間，就可以提升成功的機率。

女性報酬率
表現較佳的原因

● ● ●

「我們針對 1 萬 6,000 位受試者進行調查，2020 年投資報酬率的分析結果指出，60 歲男性的報酬率最低，然而，50 歲女性的報酬率則最高。除了 40 歲以外，所有其他年齡層女性的報酬率皆優於男性。」這段話擷取自 2021 年 3 月 8 日《每日經濟》所刊載的新聞。這篇報導指出，20~40 歲的女性平均報酬率落在 20%以上，但是 20 歲的男性報酬率卻僅有 3.8%。2020 年股票市場因新冠肺炎爆發崩跌後，又再度強勢反彈。因為股市進入牛市，比起低點翻了兩倍，所以從四月開始，只要買進並抱著股票，就可以大舉獲利。女性投資人大部分投資的都是被稱為績優股的股票，然而男性多半投資的都是波動性較高的股票，或是槓桿商品。男性比起女性，更偏好「高風險、高報酬」。

雖然我以 2020 年為例，不管是以全世界，還是以歷史上來說，女性的報酬率都優於男性。60 歲左右男性的獲利金額雖然較高，但那是因為投資本金較高。過去也有很多有關男女投資行為的研究，2002年，格林漢和史坦塔迪的研究結果指出：「女性投資者對細節事項要求的資訊更多，相關的問題也較多，但是男性在做決策的時候，會省略掉許多資訊，只根據一兩個線索做決策」。這種差異說明了，男性荷爾蒙睪酮會使人類的思考變得更加單純和樂觀。總結來說，女性比較細心，會努力不懈減少風險，但男性則是不多加思索，懷抱著會出現好結果的希望，因而犯下失誤。

2000年開始，約有兩年的時間，我曾以散戶為對象，開設過股票投資法（當沖）的密集教育課程。每個月約有30位學生，兩年左右大概有超過700位學生接受過教育，並加入實戰投資的市場上，當時女性在成績表現上也更加良好。我曾經對分析男女投資屬性與成績的資料很感興趣，甚至還有考慮過「要不要朝這方向多鑽研一些」。雖然我曾在書上看到，20歲女性在短期交易的成績上表現最好，但是親眼見證年輕女性報酬率如此優秀之後，又讓我覺得更加有趣了。同樣是女性的情況下，年輕女性的報酬率更高，很可能是因為當沖這種投資方法，需要專注力，而且需要瞬間分析行情。

女性的成績比男性更好的主要原因在於，她們能快速判斷、對小額獲利感到感恩、可以順應市場，並且可以完整學以致用。當沖的目標是利用一整天的波動性進行交易，連續賺取小額獲利，這必須要如實觀察市場、順應市場（不預估股價漲跌來進行反向交易），並且要完全遵守交易原則，進行機械式的交易。絕對不可以為了貪圖高額獲利，而擴大虧損的幅度。由於市場上每天都有好幾次獲利的機會，所以必須要擁有觀察市場、等待機會的毅力。雖然距離當年已經過了好長一段歲月，但是當時來上課的人之中，到目前為止還有繼續獲利和進行股票交易的比例，也是女性較高。

我們前述提到的2020年，長期投資績優股的人報酬率比較高，原因在於女性想要把確切的錯誤率降到最低並規避風險，她們主要會交易並持有在市場上已經過分析的績優股。但是比較細心，又有規避風險傾向的女性，為什麼在短期交易上也可以取得較好的成果？其實這兩種投資方式雖然不同，但是長期投資與短期交易的屬性是一樣的。在當沖的時候，敏感並想規避風險的傾向，會使女性排除主觀，如實看待市場，就算是小額收益也沒關係的心態，跟規避風險的屬性也很強烈。她們可以學以致用，比起賺大錢，更專注在不要虧錢之上。雖然投資方式不同，但是對市場保持謙遜，對小額獲利感到滿足，為女性帶來了好的成果。

除了一般投資人以外，我透過為證券公司職員上課，也認識了不少人，從中就可以發現每個人的性別、職業、年紀、職級等因素，會造就不一樣的投資成效。就像是女性的教育成果優於男性一樣，教育成果最好、也就是報酬率最高的群體，是第一次投資股票的年輕男女。然而，教育成果最差的群體，是股票經驗較多的男性，以及課長級以上的證券公司職員。經驗愈豐富，就愈有屬於自己的方式，也就「愈難接受新技術、新的投資方式」。

市場永遠是對的。這世界上不存在永垂不朽的絕對投資方法，依據市場的變化，可以獲利的投資方式也會發生變化。投資股票的時候，能夠接受變化的變通性很重要，如果想要靈活，就不能夠固執。以自己的經驗為基礎，所累積而成的偏見，很可能會成為股票投資時的負面因素。「靈活接受變化，懂得為小額獲利感到開心、不願意失去屬於自己的東西、承認對投資風險的恐懼、在自己的領域範圍內盡可能做到最好」，年輕的女性因此獲利而變得幸福，學習她們的特性吧。發財不是由自己創造的。只要集中精神，堅持按照原則進行投資，市場一定會帶給這樣的投資人大好機會。

投資策略的選擇

● ● ●

價值投資是衡量企業的本質價值，等到股價明顯低於該價值的時候進場，等到股價收斂在企業價值之上時，再將股票賣出的投資方式。這種方式不是我們常說的，按照價格進行投資，而是在投資企業。不拘泥於行情變動，長期持有，跟著企業的成長共同追求收益，但缺點在於，當市場行情改變使價格產生變動的時候，必須要原封不動承擔虧損並繼續持有股票。價值投資最適合的進場時機，就是在恐慌行情中低價買進。這是華倫・巴菲特和彼得・林區這類的投資人所採取的投資法，進行投資判斷的基礎資料是企業的利益增長。

動能投資的投資時機，則是在股價走勢與過往完全不同，趨勢轉換的時候。趨勢轉換是由市場、產業循環、企業結構性變化、企業利益翻轉等各種動能所引起。雖然市場的狀況很重要，但比起整體趨勢，更專注在個別企業的動能上。比起期待長期持有所帶來的大額收益，動能投資是在每個發生動能的區間內獲利並賣出。

大部分的投資人都在做著動能投資。根據題材、產業循環、政府政策、利率政策，市場時時刻刻都在改變，人們會觀察變化並進行投資。動能投資判斷的基礎資料是企業的成長動能、指數動向的趨勢轉換、投資人群體的群眾心理變化，以及與此有關的供需變化、題材的形成等。

成長股投資，投資的是產業的新技術變化，以及企業的新技術與新產品所帶來的未來增長。如果說過去有智慧型手機、網際網路等技術；2022年的當下，電動車、自動駕駛、元宇宙、AI、機器人、航太技術等技術，就屬於這個範疇。由於初期投資人對於新技術並沒有信心，所以股價較低，波動性較大，唯有自己的判斷正確，才能夠大獲全勝，然而如果投資的企業技術落後，就會面臨鉅額虧損。由於這屬於少數勝利者與多數失敗者的投資方式，所以必須只投入自己的部分資產，追求鉅額獲利。成長股投資判斷的基礎資料有新技術、新政策、環境的變化、對企業成長階段的理解、流行、社會的結構性變化等。

價值股投資在市場行情表現不佳的時候會發光發熱。價值股投資，是徹底以企業資產與業績為基準，只投資被低估的企業。收益固然重要，但大部分的情況都會防禦性地將虧損降到最低，追求穩定。企業財報必須是投資判斷的基礎資料，其中又以現金流量表最為重要。

長期投資不管投資的是成長股或是價值股，都必須要長期投資會成長的企業，而成長股和價值股只不過在利益增長率上存在差異。企業如果想要長期成長，就必須要擁有比競爭對手更優秀的「護城河」。可口可樂、微軟、蘋果等企業，數十年來都持續成長，他們以上漲了數百倍的股價，回饋給一直以來支持自己的股東們。預測未來與判斷企業長期成長是很困難的事情，所以說長期投資判斷的基礎資料，包含了對於景氣和產業循環、未來成長產業的了解，以及對企業財務狀態的掌握。一般來說，擁有本業的投資者，以理財為目的投資的時候，會使用「用股票進行儲蓄」的方式，這種方法適合這樣子的投資人。

短期投資是利用價格波動性進行投資，而非企業。這種方式的優點是，不會暴露在行情的波動下，不管在什麼樣的情況下都可以追求收益，但反過來說，缺點在於當投資人因頻繁交易感到疲勞，以及不知道如何利用價格波動性的時候，就很難成功。大多數的專業操盤手都專注在短期交易上，進行投資判斷的基礎資料中，需要了解市場與價格的波動性、題材、股價的走向、供需變化。

情報追蹤投資法，是密切觀察會引發價格變化的情報，在情報反映在股價上的時候追求收益，核心在於了解每個季度發表的企業業績、新事業政策、新產品的市場迴響、新技術許可的核發等資訊。分析師之所以去企業探訪，也是為了獲取情報，投資人認真收聽專家的 YouTube 節目也是為了獲取情報。所有的投資人都想比別人更早取得高級情報，然而，也可能因為反向消息、未確定的情報、謠言等，而面臨高額虧損。我們經常看見，某些投資人因為聽說某公司這次的業績大幅轉好，因而投資該檔股票，但股價最後卻因為公開業績不符合市場期待，股價因此暴跌。情報追蹤法在投資判斷的基礎資料上，除了要有良好的人際網絡以取得大量情報之外，還需要有篩選和運用情報的能力。

行情追蹤投資法跟短期投資一樣，只仰賴短期的價格動向做投資。雖然要掌握敏感的行情動向很困難，但優點在於可以避免大額虧損。威廉・歐奈爾說：「答案往往都在市場裡，你眼前正在波動的股價會告訴你答案。」如果只專注在行情上，就可能會犯下看不見市場趨勢與整座森林的錯誤。行情追蹤投資法，無論市場是上漲或是走跌，反而能夠在市場崩跌的情況下，利用大幅波動獲利。不過這種方式需要對於市場的屬性、對行情動向的了解，以及對原則化的應對等方面有基本的掌握，所以比較適合經過訓練的操盤手。

投資決策會依照投資人使用哪一種基礎資料，使得投資方法截然不同。把各種東西彼此混合在一起，這種方式很難成功。先決定好自己要使用哪一種基礎資料進行投資，就可以明確得知自己要採用哪一種投資方法了。

股票市場上的四種動物

● ● ●

股票市場上，有四種不同屬性的動物，分別是公牛、熊、羊和豬。其中，能推動市場走勢的動物是公牛和熊。他們彼此虎視眈眈，雖然中間會稍作休息，但大部分的時候都激烈地爭吵。公牛和熊在經過激烈的爭鬥後，倘若公牛贏了，市場就會上漲，並且公牛會獲利。當公牛的力量強大，熊完全無法與之抗衡的時候，市場就會上漲，這種市場稱為「牛市」（Bulls market）。然而，若熊戰勝了公牛，股票市場就會走跌，熊就會賺錢。當熊的力量強大，公牛無法與之抗衡的時候，市場就會走跌，這種市場我們稱之為「熊市」（Bears market）。當公牛的力量較強，市場持續走揚，但在上漲的期間，由於公牛和熊都疲於鬥爭，因而停止交戰，在這個休息的期間裡，就會形成上漲後橫盤的市場。然而，當熊的力量較強，但是熊不再繼續向下攻擊的時候，就會形成下跌後橫盤的市場。在公牛與熊的角力下，根據誰輸誰贏，就有可能賺錢或賠錢。當公牛高喊著買進的力量，熊高喊著賣出的力量，在個股的漲跌裡，公牛與熊也總是在吵架，股價則會根據他們吵架的結果發生漲跌。

羊有著集體行動的特性。當羊看著公牛與熊的角力，牠如果認為公牛會贏的話，就會聚集到公牛這邊，如果認為熊會贏的話，就會聚集到熊這邊。羊不是親自下去打鬥，而是看著公牛與熊的鬥爭，判斷誰會獲勝。當羊認為公牛會贏，跑向了公牛那側，結果熊卻拿下了勝利，那麼羊群就會慘敗。當羊群舉棋不定，不知道誰會贏的時候，許多羊就會因此受到嚴重的傷害。但是當公牛穩坐勝利的情況下，大部分的羊群也會跟著一起賺錢，不過也會有少數的羊群跑錯邊，承受著大額的虧損。2020 年，追逐著公牛進行投資的大多數羊群都可以輕鬆獲利，但是部分投資人卻投資了反向指數，損失慘重。

豬也不是打架的一員，他們必須跟羊一樣，看著公牛和熊打架，站對邊才能夠獲利。但是豬跟羊的特性不同。當豬看著公牛與熊打架，發現公牛好像快贏了，就會迅速跑到公牛這邊。但是羊群會站在公牛的背後幫公牛加油，然而，豬卻在這個時候忘記自己是豬，以為自己好像變成了公牛，跟熊打起架來。豬跟熊打架的結局顯而易見，輸得很慘。看輕市場，走在前方的豬，最終失去了所有金錢，只能夠黯然離開市場。

市場的公牛和熊泛指外資、國內機構與可以運用大筆資金的大戶等擁有力量可以撼動市場與個股價格的主體。可以帶動價格的「力量」終究是「錢」。我們經常稱股票投資是金錢遊戲，在所有因素中，最優先的就是供需。買進的需求也終究是錢，就算景氣不好，只要市場有資金流入，就會上漲；即便景氣繁榮，只要市場資金被回收，就會走跌。即便業績表現不佳，只要日後增長潛力可以吸引買方進入，股價就會上漲。市場最終還是由財力較強的主體所主導。外資之所以可以左右我們的市場，不是因為他們的分析能力、情報獲取能力與投資能力，而是因為他們的財力。羊和豬是追蹤強勢主力的投資人，大部分的散戶都希望能夠跟羊一樣，追隨市場的主力，判斷出哪一方是贏家。市場說到底，就是要判斷公牛和熊之間，誰才是獲勝的哪一方。股價上漲的時候，購買股票的公牛力量有多強大很重要。只要能猜對哪一方會勝利，就可以共同享受喜悅。偶爾也會有些參與市場的投資人，擁有豬的特性。投資經驗愈是豐富、 愈是有過輕鬆大舉獲利經驗、愈有股票市場和投資技巧知識的投資人，就有愈高的機率擁有豬的特性。在某些情況下，他們按照自己的信念強勢進行鬥爭，但是大部分情況都無法戰勝金流的力量。在判斷行情的時候，我們必須要順應資金的流向。

不管是公牛還是熊，都不可能永遠獲利，如果以虧損收場的話，他們就會再約好下一次的戰鬥，目的是為了累積更多力量，培養出戰勝對方的能力。但羊和豬並非如此，他們不主導市場，而是必須順應與追蹤市場，這也是為什麼，他們為了判斷市場行情，需要收聽專家們的節目，仔細閱讀分析師的分析報告。雖然羊很會觀察市場，但是其中只有一部分聰明的羊可以獲利，大多數的羊都會虧損。豬在大部分的情況下，都會因為鉅額虧損而離開市場，或者是無可奈何地持有著虧損的股票。公牛和熊會有一段無法打架的期間，也就是市場過度上漲或過度走跌的時候。在這段時間，他們雙方都會保持警戒地等待著。但是在這段時間，豬有可能助長股價的波動性，也就是指荒唐的題材或迷因股橫行霸道的市場，雖然每隔幾年我們都會經歷這種市場，但是每次都只有極少部分的人賺了大錢，多數人都是大額虧損。

散戶會努力想成為聰明的羊，但即便如此，偶爾還是會在自己不知情的情況下成為豬。他們有時候對市場走勢擁有信心，有時候又對個別企業產生過多的信心，在這個時候，他們不會再環顧四周，忘記自己是一隻羊，站出來和熊或公牛作對，他們打了好久的架，卻渾然不知，等到他們打累了，力道不夠了，才會意識到自己打鬥的對象是強而有力的熊或公牛。投資股票虧損最多的時候，大都就是這種情況。雖然機率不高，但是以豬的特性進行投資的話，也有可能獲得非常可觀的收益。但是失敗的時候，羊雖然可以回血再加入下一次的戰局，然而在戰鬥中敗北的豬，卻會受到難以恢復的致命傷，因而從股市銷聲匿跡。

市場不會關門，每天都運作著，可以投資的股票數目超過數千種。股票市場是一個可以靠一次的獲利，挽回失敗之虧損的地方，我們之所以要時時刻刻管控好虧損的幅度，也是因為機會隨時都會出現，但如果虧損的規模已經大到使自己無法再把握機會，就會成為市場上的失敗者。

消息的管道比真偽更重要

●　●　●

股票市場每天都有無數的謠言和新聞會透過手機即時傳遞給投資者。如果說，過去是我們必須努力搜集股票情報，那麼現在就是要從大量的資訊中加以篩選，並適當運用。現在幾乎已經沒有人會聽信市場上流傳的情報做投資了。股票市場的冷酷與金錢的無情，已經可以用「錢濃於血」、「金錢沒有理念也沒有思想」、「唯一凌駕於金錢的神只有報酬率之神而已」等可怕的語句來形容了。在這種情況下，高級情報在市場上不求回報到處流傳，這種事情幾乎難以想像。這世界上不會出現可以大舉獲利的高級情報和祕傳演算法。人們常說：「武林高手的祕傳劍法，如果為了戰勝過對手而被搬到檯面上，那麼從這時候開始，這就再也不是祕傳劍法了。」我們只要知道，自己接觸到的大部分資訊，都已經是被公諸於世，或是已輾轉過各種管道才傳到我們耳裡的就好。

我在 1990 年代中期進入證券公司工作，首度接觸股票投資，當時還沒有像現在一樣，存在這麼多樣化的社群。當時證券公司的職員每天都緊握著話筒，向身邊友人打聽情報，再傳達給客戶，接受訂單。市場收盤後的夜晚裡，他們會動用自己的人脈，努力獲取企業的新消息，第二天再把熬了一夜得知的消息，透過電話彼此分享。這些資訊有時候是機構投資人的供需情報，有時候是會引發企業價值變動的動能。知道市場大戶正在買進哪一檔股票、比別人更快得知他們為什麼買進這檔股票，這些就是所謂的情報，也是做好股票投資的方法。

幾年前，某一檔生技股從 15,000 韓元上漲到 30,000 韓元，後來又漲到 60,000 韓元，當時我詢問了一位精通股票情報的後輩：「這檔股票的成長動能是什麼？新藥研發有這麼高的價值嗎？」但我卻得到一個出乎意料的答案：「交易這檔股票的大哥們會讓股價漲到 90,000 韓元，然後再開始拋售」，這個答案簡潔又有力，真是一場「愚問賢達」，我笑著從後輩的房間走了出來。那位職場後輩是顧客報酬率表現良好，股票投資能力極強，評價很好的一位員工。他對於股票投資的熱情也與眾不同，他每天花最多時間的工作，就是在 Kakao Talk 或 Telegram 等社群上聊天。他所參與的人際網絡，不只有同公司的聚會，還有全職投資人、分析師聚會、一起進行企業探訪的職員等各種類別的團體，也許和他對話的對象，也都有著類似的人際網絡吧，他們彼此分享從各自人際網絡上獲得的資訊，投資著股票。

不論是過去還是現在，獲取資訊的方式都很類似。過去我還是公司新人的時候，我們是透過有線電話彼此分享訊息，現在只不過是換成了網路聊天而已。但是他們彼此分享的「情報」，仔細想想卻有些可笑。就如同那位後輩跟我說的一樣「那檔股票會上漲到 90,000 韓元」，但這句話起先是從誰的嘴裡脫口而出的呢？如果我問那位後輩是誰告訴他這個消息的話，也許他也又會說是從某個人身上聽來的，而那個某個人，也許又是從另一個人身上聽來的吧。如果持續追蹤這句話到底是「誰」講的，應該可以找到最初的消息來源者。

假設這個消息來源，是來自一位在證券界具有影響力、許多人信任的投資人，也許有很多人會追隨他的腳步。但是這位投資人，又是從誰身上取得這家企業的消息呢？是他個人的判斷嗎？也許是他聽從自己的某位後輩口中聽到消息，又自己加以判斷的吧。大部分情況下，他們會把公司後輩當成人際網絡，透過會議取得後輩們企業探訪的資料或消息，然後基於資料進行投資。實際上，當我們試圖想要尋找在證券界裡流傳的資訊來源時，大部分都找不到最先是從誰口中傳出的。

其實這些人真正相信的，是這個資訊傳達的管道，也就是「屬於這個社交網絡底下的人脈」或是「他們的財力」。資訊傳遞的管道，比資訊的真偽更加重要。進行大規模投資的基金管理人，也有相當牢固的人際網絡。好比在特定的產業或股價波動的背後，我們經常可以看見機構投資人大量買進或賣出，就好像約定好了一般，集中在同一個時段，而散戶則是要事後才會看到他們的投資行為，再跟著投資。大部分的股票情報都是「聽說某某大哥買進（賣出）了」，這種消息不到幾分鐘，就會傳入他們的社交圈之中，而他們則會立刻先賣出或買進再說，然後再馬上到聊天室問大家，「他為什麼會賣？」、「他為什麼會買？」、「這個消息準確嗎？」。

在這幾分鐘和幾十分鐘內，對於汝矣島有在投資股票的人而言，所有的消息都是共享的。在股價的動向已經發生之後才聽到消息的散戶，會開始思考現在要不要買進（或賣出）。過去的我們使用的是電話，現在唯一的不同是把媒介改成了網路聊天，數十年過後，證券家依然在做著類似的投資行為。但由於傳播的速度變得非常快，當然股價就會在更快的時間內上漲或下跌。與其說消息的真偽或可信度會影響股價漲跌，不如說是消息在傳遞的過程中，股價會上漲或下跌。股價總是會先波動，接著我們才會在事後去探討股價上漲或下跌的原因，因為可以撼動股價的投資人，他們依然會集體在相近的時期進行交易。除了一些長期投資人以外，大部分的投資人都對當下的股價動向很敏感。短期的股價動向，比起企業價值，更重視供需面，而大部分的情況下，供需發生變化的消息真偽，都是在事後才可以得知。短期的股價動向，是在消息傳遞的過程中發生，我們必須要了解這個機制，才能解釋股價的動向。在觀察股價動向的時候，我們也必須要擁有可以進行判斷的基準，而這個基準就是所謂的交易原則。

投資心態的兩極化

● ● ●

美國社會學家羅伯特・金・莫頓（Robert King Merton）曾說，處在好環境或處於優勢地位的人，也就是擁有較好條件的人，比條件不佳的人更容易取得好的成果。他借用出自《新約聖經》馬太福音的句子：「富者愈富，窮者愈窮」將此一不公平現象命名為「馬太效應」。著名科學家的研究成果，總是被誇大或放大，而且會受到各式各樣的優待，然而沒沒無聞的科學家，由於論文很難被刊登在學術雜誌上，因此研究資源也不太足夠。同樣地，有錢人有許多可以賺錢的消息或機會，但是對於不富裕的人來說，機會卻很有限。

理財市場上也有兩極化嗎？沒錯。百貨公司裡會針對VIP提供便利的服務，以低廉的價格提供好的產品。銀行會為有錢人提供更便宜的貸款方案及更高的存款利率。證券公司會優先提供抵押貸款給託管資產或交易量較大的客戶，手續費也比較便宜。財閥的周圍，充滿著想要提供給他們好情報的人，他們不需要努力獲得投資情報，情報就會自己找上門來，他們只需要適當加以利用就行了。

過去存在著「訊息不對稱」的狀況，所以股票市場的內部人士，可以獨占著與良好收益有掛鉤的消息，但是隨著網路的發展和社群的活絡，幾乎所有情報都可以不受限制地被分享。但即便如此，投資人還是不斷努力想要獲得還沒被分享出去的珍貴情報。

投資心態方面，兩極化的現象也愈來愈嚴重。剛開始投資股票就獲利的投資人，在日後就會覺得投資很簡單，收益也會更好。但是一開始就虧損的投資人，會漸漸感覺投資很困難，虧損也會慢慢放大。這種現象大多來自於心理方面的影響。假如有個人投資了 1 億韓元，並從中獲利了 2,000 萬韓元，這位投資人即使在下一次的投資裡，因為判斷失利而虧損了 1,000 萬韓元，他也還是能夠輕鬆承認自己的錯誤，選擇停損。就算他的投資判斷是對的，但股價由於外部環境或供需扭曲而發生崩跌，他依然可以毫不畏懼，等待市場重新回到軌道上。

然而，首度投資 1 億韓元，卻虧損了 2,000 萬韓元的投資人，如果下一次投資又虧損，就會因為想要回本的心態，導致自己無法（或不願意）停損，即使是自己判斷錯誤，大都也會繼續抱著股票，放任虧損增加。更何況，如果市場行情惡化，股價下跌的話，就又更難克服對虧損的恐懼，最終在股價已經大幅走跌的情況下，做出停損這個最壞的決定。總結來說，獲利過的投資人，連續成功的機率較高;虧損過的投資人，在日後的投資上失敗的機率較高，這些很大程度上，是因為自己的心態而起。

第一次投資的時候，成功很重要。專業操盤手在初期投資失利，心態開始萎靡的時候，就會中斷投資，領出託管資產，甚至還會關閉帳戶，然後再開辦一個新的帳戶，重新投資。雖然這可能是一個毫無意義的行為，但是即便如此，還是要建立自己的投資心態。如果投資連續成功，獲得相當高的報酬率，透過心態的穩定和自信心的形成，接下來就可以做出更棒的投資，而且投資金額愈高，就會愈努力專注在這之上。投資成功的消息，也會為投資人帶來更多的投資消息，成功的投資人士之間也會形成人際網絡，這個人際網絡將會形成協同效應，創造出更好的投資成果。

我們常說「錢滾錢」，成功的投資則會帶來下一次的成功。如果一開始就因為過度貪婪而失敗，這將會對日後的投資帶來嚴重的心理影響。初期投資的時候，比起獲利多寡，成功與否更加重要。

專家都很會投資嗎？

● ● ●

專家會向散戶講解市場狀況，教大家投資策略與實戰技巧，經驗愈是老道的專家，在講解市場的時候，就愈是充滿自信。還有一些在體制外的專家，會具體告訴散戶要買哪一檔股票，每個月還收取會費。但是在這裡，有個疑問出現了。負責管理退休年金股票的專家，真的很會投資股票嗎？在大型私募基金或顧問公司負責管理資金的基金經理人，真的很會投資股票嗎？那些幫忙選股又收取會費的人，自己真的很會投資嗎？為了戰勝（Beat）市場，擁有卓越策略的團隊，顯然正在戰勝市場。雖然短期內他們可能會輸，但是從中長期來看，他們的成功機率高於散戶，前提是基金沒有在中途解散，或者發生因為管理失敗，需要對此負責而提出辭呈的情況。

由凱西・伍德管理的 ARKK 基金，是一檔選股與集中投資傾向較強的主動式基金，主要投資成長股。當成長股表現大好的時候，ARKK 報酬率雖然曾超過 100%，但在利率調升期間，由價值股主導的市場上，也虧損了50%以上。當報酬率不高，或是虧損放大的時候，加入基金的散戶就會贖回基金，為了取得贖回的資金，如果ARKK再將手上持有的股票賣出，基金的報酬率就又會進一步惡化，形成惡性循環。如果接下來沒有額外的資金流入，該基金的報酬率就無法恢復，管理的人員只能負起責任，調動職位。2022年初，成長股走跌的情況下，幸好ARKK面臨的不是贖回，而是新資金的流入，所以基金的報酬率仍然小幅上漲，而且維持至今。但由於ARKK的投資組合集中在那斯達克的技術股上，所以不斷有分析指出具有危險性，因為技術股若崩跌，ARKK就會有崩跌與追繳保證金的風險，有可能會形成拋售引起拋售的惡性循環。

就好比對經濟了如指掌的碩博士，也不一定就很擅長投資一樣，股票市場的專家，也不一定就很會投資股票。專家裡面，也有分成理論型專家和實戰派專家。精通股票投資理論的專家，就算在實戰投資上表現較弱，我們也不能責怪他們。雖然足球和棒球的教練，不可能打出比在場上跑跳的選手更好的成績，但是他們卻發揮著比這些選手更重要的角色，引領著團隊獲得勝利。就算是實戰派的專家，也不可能每次都戰勝市場，就算是經驗豐富的專家也會有失誤的時候，其中最具代表性的失誤，就是「親身經歷過才知道」的失誤。愈是固執的人，愈會忽略周遭人的建議，堅持自己的意見。在股票投資裡，固執雖然偶爾會帶來高額報酬率，但大部分情況下都會導致鉅額的虧損。

大型管理公司，比起個人的判斷，更重視團隊的集體智慧。他們會先建立投資策略，然後在這個框架下定義好可被接受的範圍。有很多基金，因為有幾個明星級別的專家參與其中而大受歡迎，但不久之後卻以鉅額虧損收場。少數的成功神話與成功機率，在風險層面上，跟統計學所說的「大數法則」截然不同。

當我們去賭場，可以看到中國人最喜歡的「百家樂」前面聚集了一堆人，裡面分為玩家和莊家，人們只要選擇自己要下注哪一邊就行了，因為是二選一，所以機率是50%。但當我們暫時在旁邊看一陣子之後，就會發現有某一方連續獲勝五次，甚至是十次以上，而一旁的人們手上拿著原子筆，紀錄著哪一邊勝率較高，從中下注。但是嚴格來說，這個遊戲的機率是5：5，就是一個單純的單數和雙數的遊戲，玩的次數愈多機率就愈接近50%。但即便如此，某些時候還是會發生勝率不斷側重於其中一邊的情況。專家的報酬率，從長期來說，也是一場可以戰勝市場的遊戲，但是在特定的期間裡，特定的市場狀況與投資報酬率會明顯比較卓越。如果可以長時間繼續投資下去，機率就會像單數和雙數遊戲一樣收斂到 50%，但是大部分的基金都有限制管理期間。

從過去到現在，還有未來，可以持續獲利的專家並不多。特別是在特定的期間起，想要做出成果可能更是難上加難。從長時間的投資結果來看，最終專家的投資結果會占上風。但是在特定的期間內，會發生「少數的風險」。我們不能因為有過幾次的成功經驗，或是學習了幾種投資技法，就認為在當下的市場行情中，自己能夠妥善進行投資。有的專家在科技股上漲的時期賺大錢，但有些專家卻是在生技股上漲的時期獲利。有些專家則會在市場暴漲的時期獲利，有些則是在市場走跌，為股價帶來波動性的時候獲利。雖然說，以長遠來說，專家的表現是最好的，但根據情況的不同，不管是專家還是散戶，都會反覆經歷成功與失敗。但是理論和經驗豐富的專家，擁有克服失敗的投資心態以及實戰經驗，最終還是有很高的機率可以達成高於市場的報酬率。

即便是專家，也不可能每次都能妥善根據行情進行投資。在特定的期間裡，特定的專家猜對市場行情的時候，群眾會選擇追蹤，但其他專家卻會選擇唾棄他。當市場行情快速變化，理論性的指標已經不再適用的時候，散戶就會開始出現忽略經濟指標和專家的傾向，還會犯下自己堵住好消息來源的愚蠢行為。傾聽專家解釋行情，並不是為了驗證他們「對或錯」，而是建立自我行情觀的基礎。不管是行情、企業分析、實戰交易，專家最大的錯誤就在於，認為自己不能獨自犯錯和認為自己什麼都知道的自滿。大多數的專家都不會在牛市強烈主張弱勢論，也不會在熊市主張強勢論。即使心裡面有著這些行情觀，但若本身沒有想要成為明星專家，就很難獨自堅持自己的主張，所以我們要當心專家們的意見發生偏頗的情況。

在研究甲蟲的人裡面，學士都認為自己已經對於昆蟲的一切了如指掌，然而碩士才發現自己對於甲蟲根本一無所知，接著博士才驚覺原來不只有自己，是所有人都對於甲蟲一無所知，更何況是股市？在股市裡，要分析龐大資本市場的動向，判斷因為心理因素而波動的股價走勢，在沒有正確解答的市場裡，時時刻刻保持謙遜並順應市場很重要。

採摘櫻桃投資法

● ● ●

如果在語言辭典裡面搜尋採摘櫻桃（Cherry picking），是指只挑選幾顆上好的櫻桃，並把沒有銷售價值的櫻桃留在樹上，也就是說只挑選最好或對自己有利的。雖然這是用來指稱顧客僅挑選特定的品牌或部分的產品進行消費的行銷用語；但是在金融市場上，則是指選擇和投資企業價值遭低估的股票或商品，或是在特定的基金裡面只挑選並納入優良的資產。

股票市場裡之所以經常用到採摘櫻桃這個用詞，就是因為市場的波動性。由於現在的波動性相比過去明顯變大，股價有時候會發生明顯低於企業價值，下跌至低估區間的情況。每當這種情況發生時，賺「聰明錢」的人們就會利用採櫻桃大賺一筆。二十年前，韓國發生外匯危機的時候，所有人都過得很辛苦，但是能夠果敢投資的人，卻從中大舉獲利。後來，不論是網際網路泡沫化的時期、南歐PIGS（指葡萄牙、義大利、希臘、西班牙）等國家的債務違約的時候、

2008 年美國金融危機的時候、2020 年新冠肺炎爆發的時候，每當市場崩跌之際，聰明且動作迅速的資金，就會針對一部分股票進行採櫻桃，在短期之內創下驚人的收益。

由於世界的變化愈來愈快，變動性也愈來愈大，就算不是週期性發生的金融危機，市場也會因為各種「短期利空」而經歷暴漲或暴跌的過程。把時間縮短來看，連在盤中因為波動性過大，導致股價暴漲或暴跌的情況也經常發生。屬於「波動性套利」的剝頭皮，以及在盤中波動性發生股價下跌時買進，再等到波動性發生再賣出的當沖，都算是採櫻桃。股價會因為盤中的各種謠言而暴漲或暴跌，當無關乎企業價值，股價暴跌的時候就是良好的進場機會，然而異常暴漲的時候，就是好的出場機會。

如果稍微把時間拉長一點，從每週、每月來思考的話，就會發生北韓試射導彈、中東地區爆發局部戰爭、歐洲金融機構暫時發生系統錯誤等各種事件和事故。映射著世界上所有事情而波動的股票市場，每次都會以大幅變動作為反應。在市場上，短期利空被稱為「噪音」，當噪音發生股價走跌的時候，許多投資人會被恐懼籠罩，因而賣出股票，但是聰明的資金，會把它當作是採櫻桃的機會。經驗豐富又老道的投資者，會為了把握這個機會，不斷盯著市場，因為這是一個可以在短時間內大舉獲利的罕見機會。2020 年 3 月，新冠肺炎爆發令股價崩跌的時候，退休年金淨買入 5 兆韓元的股票，然後等一兩個月後市場出現反彈的時候，又再全數賣出，真是令人討厭的「聰明的資金」啊。可以站在群眾拋售的對立面買進股票，這個判斷非常優秀。有的時候，市場上還會出現人為的供需扭曲，增加波動性。從歷史上來說，經由謠言，利用波動性賺大錢的案例，也經常出現在發達的金融市場上。偶爾我們會看到，有些資金會脫離趨勢走向，使股價飆漲後再賣出，或是使股價崩跌後再買進，這可以說是利用人類心理所進行的交易行為。

股票市場會因為短期或中長期利空而反覆暴漲或暴跌。資本市場會跟過去一樣，創造出泡沫，然後再度崩潰，連帶股票市場也會反覆暴漲和暴跌。在製造泡沫的期間裡，股市雖然會長時間呈現趨勢上漲，但是泡沫化的時候，卻會在短時間內暴跌。由於這段歷史反覆上演，週期性引發「金融危機」，而市場也不得不經歷暴跌。每當這個時期，資本市場上就會出現新興富豪。在正常的市場上，很難取得短期的高收益，但是當價格因為波動性發生扭曲的時候，就是最好的機會。老練的投資人，只要憑著經驗就知道「什麼時候該買、什麼時候該賣」。在全球被稱為投資大師的這些人，也都是把握了這個機會，才得以創造出今天的財富。他們克服了恐懼感，判斷市場會再度反彈，他們知道哪些股票會強勢上漲，做好準備使財富增值。為了把握機會，他們總是做足了準備，因為機會不容被錯過。那麼就讓我們來了解一下，想要成功採櫻桃，該做什麼準備吧。

首先，要隨時保持一定的現金流。大部分的股票投資者，都是100%持有股票或是100%持有現金。當市場表現良好的時候，為了賺更多的錢，所以把剩餘的現金全數拿來買股票。當市場表現不佳的時候，因為心中惴惴不安，所以把所有股票都變賣，只持有現金。就算是現階段持有的股票，也有可能發生價格變動；就算手上沒有的股票，也有可能帶來其他機會，所以我們必須要隨時維持一定比例的現金。因為當市場暴跌，出現可以在低檔買進股票的機會時，如果沒有現金只能乾瞪眼，就會使自己進退兩難。如果市場不是非常明顯的牛市，那就機械式地保留一定比例的現金吧。要記得，當市場不穩定或是狀態模糊不清的時候，隨時都有重新買進股票的機會。只有這麼想，我們才能夠持有一定比例的現金。

第二點，股票投資人隨時隨地都要有一個屬於自己的「股票池」。這裡所謂的股票池，就是自選關注股。不會有特定的產業或企業永遠處在好的狀態，市場是循環的。雖然一般來說都是幾個月循環一次，但是市場不穩定的時候，強勢的產業可能會以一到兩週為單位發生變化。由半導體主導的科技股、製藥與生技、電動車與自動駕駛、金融科技、遊戲、娛樂、景氣循環股等，市場上會依照產業類別或事件，形成強勢的產業，並加以循環。我們必須投資循環期間內強勢的產業。股票池裡面要涵蓋各個產業中的領頭股，如果依照每個產業類別的領頭股來製作股票池，當市場走跌、股價崩盤的時候，就不用思考要購買哪一檔股票了，只要以領頭股為主，進行採櫻桃就行了。當市場短期崩跌的時候，最先反彈的股票就是每個產業裡的領頭股。就算是平常投資的時候，或是出現價格扭曲的機會時，在自己的股票池裡進行交易，是最安全又可以提高報酬率的方法。

第三點，必須要有一張恐慌清單。恐慌清單跟自選關注股和股票池不一樣。股票池是先在各個產業裡，提前選出自己想投資的領頭股，根據循環交易進行投資。反之，恐慌清單是由確切擁有「經濟護城河」的企業所組成。在晨星擔任過股票分析負責理事的帕特・多西（Pat Dorsey）對於經濟護城河的解釋是：「以基於品牌、專利、法律執照等無形資產，以及高度的成本優勢、價格競爭力、顧客忠誠度所形成的網絡，在競爭的環境下得以不被淘汰，持續增加利潤的企業競爭力。」

當市場陷入恐慌，股價崩跌的時候，我們很難判斷「哪一家企業得以生存下來、哪一家企業日後會再度成長」，這種時候，我們就需要這張恐慌清單。我們不能在最壞的情況下，錯失以便宜的價格買進優秀企業股票的機會。恐慌清單將會是讓我們不錯失良機的最佳利器。

用成長股儲蓄

●　●　●

股票投資，投資的是企業未來的價值，投資將來成長幅度會優於現在的企業，跟著企業的成長一起獲利。經由股票投資成功的人士，總是會透過節目或新聞投稿說：「長期投資成長企業吧」，但是我們通常不是沒辦法，就是做不到，因為利用長期投資成功的案例並不常見。其實就連透過價值投資成功的人士，從他們的經歷上看來，也會發現他們並不是持續靠「價值投資」和「長期投資」成功的。他們大都曾經在市場低效波動的區間內，果斷下注大舉獲利，然後利用這筆獲利作為基礎，才取得了今天的成功。

長期投資最具代表性的失敗，就是基金參與者。以長期投資為目的加入基金，但是數年來投資的基金卻大都處於虧損狀態。投資股票可以帶來高於房地產或其他任何投資方式的報酬率，這一點在歷史上已經獲得了驗證。股票市場會大跌也會大漲，但是回顧過去數十年來，會發現股市結果是朝右上方大幅成長。過去我們沒有可以投資整體市場的商品，但近期出現了指數追蹤型 ETF，任何人都可以投資市場。只要了解「成本攤平」的概念，定期定額進行投資，就可以不用擔心市場漲跌，從中獲利。

具有長期股票投資經驗的投資人，他們的庫存裡都有韓國領先企業的股票。比起投資市場，投資人之所以投資危險的個股，就是為了追求高於市場的報酬率。然而遺憾的是，雖然市場比過去上漲了許多，但他們投資的企業，報酬率卻大都虧損幾十個百分點。成功成長的企業，雖然會創下高額報酬率，但它們僅占少數。企業之所以無法長期成長的原因在於，它們經歷了漫長歲月的坎坷，透過產業循環、企業循環，經歷了興亡盛衰。如果在 2000 年的時候投資三星電子，現在將可以獲得 23 倍的收益。然而投資了處在夕陽產業的企業，或是投資到財務狀態不佳的企業，有可能會賠掉十分之一，或甚至也有很多公司遭到下市。所以說，長期投資並無法保障收益，最後還是要回歸基本面。股票投資，就是投資未來的企業價值，我們必須選擇出在未來某個特定的時間點，可以比現在更有成長並創造出更高價值的企業。

以前面的三星電子來舉例，2015 年過後，幾年的時間以來，最能從中獲利的產業是製藥與生技，但實際上當時投資製藥和生技的人，下場如何呢？當初許多的投資者，都還抱著已經虧損一半以上的股票，因為這個產業是高成長但低成功機率的產業。半導體和智慧型手機相關企業也是如此，成功的企業股價雖然翻了數十倍，但是也有很多企業退出市場，或是沒能創造出收益，股價因而崩跌。我們必須要觀察世界的變化，以及企業的變化與循環，在這當中找尋可以成長的企業，我們還需要可以確認這家企業不會在中途失敗，並且具有創造成功潛能的能力。

儘管如此，我還是想建議各位「長期投資成長股」，但是如果勉強把自己所有的財產，或甚至是貸款來的資金拿來投資，那就沒辦法成功。愈是成長型的企業，遇到的迂迴曲折就愈多，所以投資期間股價的波動會非常嚴重，是否能成功，取決於我們的心態能否堅持下去，以及本身資金的狀態。想要用股票賺大錢，最可靠的方法就是在自己熟悉的企業中，用自身允許範圍內的資金進行長期投資。這世界上有許多成長型企業，由於海外投資已經變得容易許多，所以我們可以從國內外的市場上，尋找擁有成長潛力的各種企業進行投資。

韓國一直以來都保持著出口主導型經濟，以及由大企業主導的高成長。在這個已經難以繼續高度成長的環境底下，就好比歐洲的成功案例一樣，必定會發生由擁有高附加價值的強勢中小企業主導的情況。在全球產業環境發生變化的情況下，為了成長，我們需要高附加價值的第四產業來主導市場。然而不幸的是，韓國長時間以來，以大企業為主進行成長，導致中小企業難以生存，而我們已經處在結構改變的過程中了。「新創業」這個詞彙，已經成為家常便飯，零接觸的金融科技、與社群有關的產業平台、家電、汽車、機器人等目標導向的AI半導體、自動駕駛、電動車、非面對面會議或教育、遊戲上使用的AR/VR、可能普及化的5G、無線通訊、企圖克服病毒與癌症的生技等產業上，許多企業正在嶄露頭角。在重心從大企業移轉為新創業的產業結構變化之中，我們必須要尋找規模雖小，但可以大舉成功的企業。現在就來聊聊，我們該怎麼做吧。

首先，從自己熟悉的企業開始下手。我們每個人都一定會有比別人更了解的領域，投資那個領域裡面，擁有核心技術，或是擁有獨特事業「護城河」的企業吧。當然，如果這家企業還能隨著世界的變化而成長，那就再好不過了。如果你了解的領域屬於夕陽產業，那就關注其中有在推動新事業的企業。成長型企業，長期以來都在變化。在第三產業底下，汽車、鋼鐵、化學、煉油等產業雖然已大幅成長，但如果它們現在無法創造出嶄新的高附加價值，它們將會難以生存，例如汽車產業應該要轉變為電動車或自動駕駛；煉油業應該要轉型進入環保能源事業；半導體應該要擺脫固定式記憶體，轉型成為高配置的訂製型系統記憶體。在第四次產業底下，半導體、AI、網際網路、金融科技、AR/VR、生技、自動駕駛、機器人、新世代顯示器等將會有所成長。如果這當中沒有你熟悉的領域，那就從成長產業中，針對你有興趣的領域做深度的研究吧。

第二點，如儲蓄般投資吧。最好可以每個月拿出薪資的10%或20%進行投資，或是從自己的整體投資本金中拿出一部分進行投資。選擇幾檔成長股持續投資，如果對於自己選擇的股票沒有信心，增加投資標的企業的數量也無妨。隨著時間推進，這當中會有大幅成功的公司，也會有失敗的企業，大幅上漲的股票，漲幅可能落在三、四倍到十幾倍，失敗的股票可能會賠掉一半，極端一點的情況也可能被下市，但即便這樣也沒關係。以極端一點的情況舉例來說，如果我們分別投資100萬到兩檔不同的股票，有一檔股票上漲了一倍，但另一檔股票賠了50%，但從結果來說，我們還是可以有 50 萬的收益，也就是 25%的報酬率。如果成功的企業可以帶來三、四倍以上的收益，失敗的股票虧損了幾十個百分點的話，那麼投資所帶來的結果將會是非常成功的。投資的過程中，只要稍微用心一點管理，獲利十倍也絕對不是夢。每月小額分散投資的成功機率較高，原因就在於心態。拿總財產共 1 億韓元投資一檔 A 股票的人，跟拿 1 億韓元中的 500 萬韓元投資 A 股票的人，在投資心態上就是千差萬別。基於市場行情和企業的迂迴曲折，股價在大漲大跌的時候，投資 1 億韓元的人最後一定會按捺不住，但是拿 500 萬投資的人，卻可以相信那家企業，繼續等待。然而必須要有這份等待，我們才能獲得數十、數百倍的收益。

第三點，在市場走跌的時候買進股票吧。對於長期投資成長股而言，絕佳的買進時機就是市場行情崩跌的時候。假如企業的成長潛能沒有問題，但是市場因為宏觀環境走跌，導致股價隨之下跌的話，就是絕佳的好機會。當外匯危機、金融危機、戰爭、疾病等因素導致股票市場崩跌的時候，就應該要用低價買進平時想投資，並且已經研究過的企業。即便戰爭爆發，或是發生暫時的金融系統危機，癌症治療的成長、人工智慧或半導體的成長，也不會因此而中斷，反而會因此而加速。2020 年新冠肺炎爆發，進一步加速了病毒治療與疫苗產業和可以應用在日常的零接觸科技產業的成長。對於正在進行長期投資的投資人而言，當自己熟悉的企業處在市場下跌的情況下，將會是一個無比開心的狀況。

第四點，稍微做些管理吧。如果以長期投資為目的而持有的股票，發生與企業成長無關的股票飆漲，就必須把股票賣出。假設，如果與該企業的本業無關，而是因為該企業持有的土地價值成為話題，使股價飆漲的話，就必須要把股票賣出。或者是因為跟特定政治人物與題材劃上關係導致股價暴漲，也必須賣出股票。當股價不正常上漲的時候就要賣出，因為後續還有再次買進的機會。但如果是因為市場行情等因素，導致股價不正常走跌的時候，不應該賣出股票，而應該加碼買進。只有企業的成長潛能發生致命性問題，或是成長動能停止使股價下跌的時候，才要賣出股票。

每個月如同儲蓄一般分散投資成長股，是對於散戶而言，最有效率的投資方法。如果投資鉅額資金，但是無法承受價格波動所帶來的壓力，那就無法獲得好的成果。

即便從中大舉獲利，也會因為精神上的壓力，使得生活疲憊不堪。用輕鬆的心態，期待著未來的成功，這樣的投資反而才能成功。很多投資人會因為反覆無常的市場行情，以及手上股票的股價劇烈波動，導致自己疏忽了本業，或是承受著精神上的壓力。市場下跌的時期，從股票相關節目的留言上就可以看到各式各樣的抱怨。執意留言抱怨，就代表這個人已經因為股票投資累積了許多心理壓力。市場會一如往常地反覆漲跌，只有關注企業而非市場，才能從中獲利，而唯有群眾心理發生劇烈變化的時候，我們才需要關注市場。

TOP
029

賺錢的交易心理

韓國最強法人操盤手教你勝率 99%的實戰投資心理策略

매매의 심리

作　　者	朴秉昌　박병창
譯　　者	蔡佩君
責任編輯	魏珮丞
美術設計	謝彥如
內頁排版	JAYSTUDIO
總 編 輯	魏珮丞
出　　版	新樂園出版／遠足文化事業股份有限公司
發　　行	遠足文化事業股份有限公司（讀書共和國集團）
地　　址	231 新北市新店區民權路 108-2 號 9 樓
郵撥帳號	19504465 遠足文化事業股份有限公司
電　　話	(02) 2218-1417
信　　箱	nutopia@bookrep.com.tw
法律顧問	華洋法律事務所 蘇文生律師
印　　製	呈靖印刷
出版日期	2024 年 12 月 4 日初版一刷
定　　價	600 元
I S B N	978-626-98844-5-2 9786269884469（EPUB）
書　　號	1XTP0029

國家圖書館出版品預行編目(CIP)資料

賺錢的交易心理：韓國最強法人操盤手教你勝率 99%的實戰投資心理策略 / 朴秉昌　著；蔡佩君　譯. -- 初版. -- 新北市：新樂園出版，遠足文化事業股份有限公司，2024.12
352 面；14.8×21 公分. --（Top：029）
譯自：매매의 심리
978-626-98844-5-2（平裝）

1.CST: 股票投資　2.CST: 投資技術　3.CST: 投資分析

550.14　　113013304

新 樂 園
Nutopia

・新樂園粉絲專頁・